CB049832

Biblioteca Âyiné 21
Instruções para se tornar um fascista
Istruzioni per diventare fascisti
Michela Murgia

© Giulio Einaudi Editore s.p.a., Torino, 2018
© Editora Âyiné, 2017, 2021
Nova edição revista
Todos os direitos reservados

Tradução Julia Scamparini
Preparação Silvia Massimini Feliz
Revisão Andrea Stahel, Leandro Dorval
Imagem da capa Julia Geiser
Projeto gráfico Renata de Oliveira Sampaio
ISBN 978-65-5998-003-1

Âyiné

Direção editorial Pedro Fonseca
Coordenação editorial Luísa Rabello
Coordenação de comunicação Clara Dias
Assistente de comunicação Ana Carolina Romero
Assistente de design Rita Davis
Conselho editorial Simone Cristoforetti, Zuane Fabbris, Lucas Mendes

Praça Carlos Chagas, 49 — 2º andar
30170-140 Belo Horizonte, MG
+55 31 3291-4164
www.ayine.com.br
info@ayine.com.br

biblioteca

Instruções para se tornar um fascista
Michela Murgia

Tradução de Julia Scamparini

Âyiné

9	Necessária premissa de método
15	Começar do zero
23	Simplificar é complicado demais
31	Fazendo inimigos
41	Onde estiver, proteja
51	Na dúvida, dê porrada
61	A voz do povo
75	Não se esqueça de mim
85	Fascistômetro
97	Para evitar qualquer mal-entendido
99	Agradecimentos

*Para Francesco e Angelica
e já é tarde*

Necessária premissa de método

Escrevo contra a democracia porque se trata de um sistema de governo irremediavelmente defeituoso desde sua origem. É falso o que disse Winston Churchill, isto é, que a democracia é o pior método de governo com exceção de todos os outros: a verdade é que é o pior e ponto, mas é sempre difícil dizê-lo abertamente, apesar de ser uma evidência indiscutível na experiência cotidiana.

O livro que vocês têm em mãos nasceu para demonstrar não só que a democracia não serve para nada e, aliás, é danosa para a convivência em sociedade, mas também para provar que sua alternativa mais experimentada — o fascismo — é um sistema de gestão de Estado muito melhor, mais barato, veloz e eficiente. Este texto quer ser um instrumento de compreensão útil sobretudo para a classe mais culta, exausta da democracia, uma vez que para a massa popular nunca foi necessário explicar que o fascismo é melhor. Com a secreta sabedoria dos humildes, os povos já sabem disso e, de tempos em tempos, cansados da incapacidade do sistema democrático de resolver seus problemas, voltam ao fascismo com prazer e de forma quase espontânea.

Digo *quase* não por acaso, pois de vez em quando o fascismo precisa de um pouco de ajuda para se afirmar; no início de sua parábola histórica, as democracias tendem de fato a ser muito hostis para com o fascismo e organizam o dissenso por meio de métodos despudorados, como por exemplo criar leis para torná-lo ilegal. Ainda bem que o fascismo sabe esperar. É como um herpes — os organismos primários são sempre aqueles com os quais mais aprendemos — que pode resistir décadas inteiras na medula da democracia como se tivesse desaparecido, para depois aparecer mais viral do que nunca no primeiro e previsível enfraquecimento de seu sistema imunológico.

Uma democracia jovem, especialmente se tiver nascido de uma guerra ou revolução civil, será muito reativa ao fascismo, mas uma democracia — suponhamos — com cerca de setenta anos de idade nas costas já terá perdido grande parte de sua memória inicial e enterrado as testemunhas oculares que, com seus relatos, sustentavam a retórica democrata. Além disso, já estará suficientemente desgastada e corrompida a ponto de considerar fazer acordos políticos cada vez mais significativos com outros métodos de governo. A essa altura, se o fascismo for bem espertinho e souber aproveitar a oportunidade, poderá chegar a governar Estados inteiros sem precisar empunhar uma arma sequer: os instrumentos da própria democracia permitirão que o fascismo se afirme e, por fim, prevaleça.

Neste preciso momento histórico, temos à disposição uma abundância de instrumentos de controle das massas que fascismo nenhum do século passado jamais teve, e isso nos permite experimentar algo inédito: ressurgir do coração de um sistema democrático de muitas décadas e dominá-lo sem jamais precisar recorrer a uma ação militar interna ou externa. Manipulando os instrumentos democráticos é possível tornar um país inteiro fascista sem nem mesmo pronunciar a palavra «fascismo», que afinal poderia suscitar certa hostilidade mesmo numa democracia já desbotada, mas fazendo com que a linguagem fascista seja aceita socialmente em todos os discursos, seja boa para todos os temas, como se fosse uma caixa sem etiqueta — nem de direita nem de esquerda — que pode passar de mão em mão sem estar muito relacionada com seu conteúdo.

O conteúdo. Temos aí o problema essencial. Não posso esconder o fato de que o conteúdo seja problemático, e, investindo nele, pelo menos na fase inicial, não venceremos facilmente o desafio da democracia. Já se foi o tempo em que se podia afirmar a superioridade de uma raça de maneira explícita ou dizer abertamente que nem todas as opiniões têm o direito de ser expressas, sobretudo se são contrárias ao interesse do Estado. Pode-se pensar assim, é obvio, e em determinadas circunstâncias até mesmo dizer tais coisas, mas propor um sistema que as afirma como manifesto político poderia ser complicado de início. Por tal razão, nestas páginas vocês não encontrarão nada que se possa definir como «as ideias fascistas». Tentar defender o fascismo no plano das ideias é um processo tão longo, complicado e conflituoso que no fim se revela inútil. Foram muitos os anos de retórica. Foram muitos os dias da memória. Foi muito blá--blá-blá ideológico sobre a Resistência que fez com que todos se lembrem do vovô *partigiano* e nunca se lembrem do vovô fascista. Entrar no mérito dessas ideias não é produtivo: mas, se trabalharmos com o método, as coisas acontecerão sozinhas.

Visto que na política método e conteúdo na verdade coincidem, o método fascista tem o poder da transmutação alquímica: se aplicado sem restrições ideológicas, transforma em fascista quem quer que o adote, pois — como diria Forrest Gump — é fascista quem se comporta como tal. O que vem a seguir são, portanto, instruções de método e, em particular, instruções de linguagem, a infraestrutura cultural mais manipulável que temos. Por que alguém precisaria subverter as instituições, se para obter o controle é só trocar o signo de uma palavra e colocá-la na boca de todos? As palavras geram comportamentos, e quem controla as palavras controla os comportamentos. É a partir daí, dos nomes que damos às coisas e da forma como delas falamos, que o fascismo pode encarar o desafio de voltar a ser contemporâneo. Se conseguirmos convencer um democrata por dia a usar uma palavra que nós lhe demos, podemos vencer esse desafio. E venceremos.

Fiel ao seu humilde escopo didático, o livro apresenta no final um pequeno teste para medir o grau de aprendizado alcançado e avaliar o progresso de adesão ao fascismo.

Começar do zero[1]

Para se tornar um fascista, o primeiro passo é deixar de lado a palavra *líder* da forma como é entendida no sistema democrático. Nenhuma democracia, ao perseguir a utopia de que todos são iguais, jamais conseguiu fugir à contradição de organizar as igualdades de forma hierárquica. Até os democratas sabem que um guia superior é indispensável, mas têm a pretensão de elegê-lo e controlá-lo com tantos laços e vínculos que no fim a pessoa que deveria guiá-los acaba se tornando, em meio a todas as outras, a mais impotente. A democracia tomou posse do denso conceito de guia que se esconde atrás da palavra *líder* — *Führer* em alemão — e o deturpou em sua própria semelhança. Assim, o que na origem era um plenipotenciário acabou tomando a forma de um débil representante temporário, sujeito a todos os ventos eleitorais e forçado à afronta de ter de ser votado não só nas eleições, mas até dentro de sua própria comunidade política. Chamamos

....

1 O título em italiano, *Cominciare da capo*, contém um jogo de palavras: da capo significa «do zero», «do início», e capo significa «chefe», conceito em discussão no capítulo. (Todas as notas são da tradutora.)

de «primárias» essas consultas descabidas, mas o que resulta delas no fundo é sempre secundário, pois a força dos números que vêm de baixo é sempre mutável demais: hoje você tem o consenso, e amanhã não mais. Isso torna tudo instável, e a instabilidade de governo é o primeiro defeito da democracia.

Que alternativa de linguagem o fascismo pode oferecer ao conceito confuso e frágil de *líder*? Simples: é o chefe. Não se trata de mudar a palavra, aliás, podemos todos muito bem continuar a chamá-lo de líder, basta que esteja clara a diferença entre as duas funções. O líder inspira e indica uma direção, mas sofre a grande desvantagem de que na democracia as pessoas podem simplesmente não seguir tal direção. E, se estão convencidos de que não precisam segui-la, podem estar certos de que não a seguirão. Um líder que pode ser contestado não tem nenhum poder real. O verdadeiro chefe, ao contrário, não negocia. Determina a direção e é o primeiro a adotá-la, mostrando-se capaz de conquistar algo que se encontra sempre um metro mais à frente da visão de quem o segue. A inspiração é bela e tudo o mais, mas é matéria para os poetas, não para os políticos: para governar é necessário alguém que esteja decidido a fazê-lo e não hesite absolutamente em arrastar consigo os seus, aniquilando os obstáculos com todos os instrumentos à sua disposição.

O problema do líder democrático é que ele discute com as diferenças de opinião e as enobrece como iguais às suas, e —

exatamente quando precisa decidir — os opositores o deslegitimam. O chefe, ao contrário, é franco, leal, não finge levar em consideração os mil dissensos que surgem ao redor de toda pessoa que está no comando e, por esse motivo, suas decisões não são negociáveis. Ao comandar, pode vencer ou pode perder, mas de qualquer forma o chefe tem de ser obedecido, porque os que não obedecem minam a possibilidade de que a vitória se realize. A diferença entre o frouxo democrata e o chefe se resume nisto: o chefe não discute, porque, se tivesse de perder tempo discutindo com quem pensa diferente num país onde todos acreditam ser treinadores do time nacional, quando é que tomaria as decisões que precisam ser tomadas?

A segunda vantagem de ter um chefe é a rapidez na ação. Ter no comando o detentor de uma cota maior de liberdade de decisão garante uma enorme economia de tempo para levar a cabo as escolhas necessárias: quanto menos pessoas tiver de consultar, mais cedo tomará decisões. Quanto mais as democracias forem representativas de toda e qualquer minoria política, mais lenta será a ação do executivo, e isso será percebido pelo povo como um insuportável imobilismo. Porém, se o povo levar muito tempo para entender que a culpa dessa ineficiência é a lentidão democrática, será preciso usar de toda e qualquer ocasião para difamar o parlamentarismo, especialmente em seu modelo proporcional, e propor como solução de maior eficiência o presidencialismo, por exemplo. Será preciso fazer leis eleitorais que favoreçam a concentração de votos em figuras fortes e singulares para polarizar o consenso, ou pelo menos bipolarizá-lo. Será fundamental reduzir ou, ainda melhor, anular a autonomia territorial, inclusive mediante oportunas reformas constitucionais, de modo que as decisões estruturais sejam tomadas num regime de confronto ausente ou reduzido aos mínimos termos.

Diminuir os espaços de participação das bases (divisões de partido, comissões, comitês, conselhos de várias ordens) será útil para reiterar a ideia de que quem governa deve agir com a maior liberdade possível, ou não realizará nada de útil. Pode ser que leve anos, mas, uma vez restabelecido o sentido do chefe, este atuará com a mesma força que nos faz amar os heróis e ser fãs de personagens públicos, que surgem não como modelo de inspiração (*queria agir como ele*), mas de aspiração (*queria ser ele*). Por isso é importante continuar a repetir que os órgãos de negociação democrática são inúteis entraves burocráticos nos quais nunca se decide nada. De tanto ouvir tais coisas, será natural para qualquer um chegar à conclusão de que a concentração de poder nas mãos de um homem forte, que sabe o que tem de ser feito, seria muito mais eficaz do que deixar um país fraco continuar expressando-se sobre o nada.

E há também o aspecto econômico. É evidente por si só que ter apenas um homem no comando custa muito menos do que ter um guia obrigado a confrontar-se continuamente com seus guiados. A democracia, com efeito, por ter muitos níveis de fiscalização e de confronto entre posições diversas, precisa que muitas diferenças sejam representadas contemporaneamente, e isso, além de gerar perda de tempo, requer gasto de dinheiro com muitos representantes do povo. O chefe, ao contrário, é barato, pois decide sozinho ou com pouquíssimos fiéis. Não faz diferença se são chamados de círculo mágico de eleitos, conselho dos *probiviri* ou casta de pessoas de confiança: o fato é que, quanto menos sujeitos decidem, menos se gasta. Se esta fosse uma época madura em que as coisas fossem chamadas por seus nomes, seria preciso reconhecer que o sistema menos caro em absoluto é a ditadura, uma vez que se gasta somente com uma pessoa. Porém, por estarmos ainda distantes desse nível de virtuosa administração dos recursos, ter um chefe que decide ao lado de poucas pessoas seria já um belo passo no corte dos custos atuais.

Enquanto isso, continuar mostrando quanto nos custa a administração democrática será útil para criar as condições de eliminá-la. Lembrar quanto os parlamentares recebem, sempre pedir a redução de seus salários, de suas escolhas, de suas pensões vitalícias e de toda forma de financiamento dos partidos é um assunto que garante consenso transversal, uma vez que estão todos convencidos de que os políticos custam caro demais. De tanto repetir, até entre os democratas circulará a ideia de que o que custa demais é a própria democracia.

A maior vantagem de ter um chefe em relação à condição de ter um líder é outra, no entanto: quem governa molda quem é governado, ativando um processo pelo qual o primeiro e o segundo, depois de algum tempo, acabarão por assemelhar-se. Com um líder, o povo será litigioso, exigirá ser escutado, discutirá as decisões que não lhe agradam, procurará a falta de consenso, desrespeitará a autoridade, irá para as ruas e reclamará, não será grato nem obediente. O povo que invocou o chefe, ao contrário, é esperançoso e confiante, reconhece a visão mais abrangente de quem toma as decisões, não fica fazendo oposição e, se vai às ruas, é para dar apoio e aplaudir quem tem a árdua e generosa tarefa de comandar.

O povo que reconhece um chefe vive mais sereno e entrega sua confiança, obedecendo ao desejo que se esconde secretamente em cada um de nós de ter um dono, a tal *ânsia pelo um*, cuja força nem mesmo Étienne de La Boétie pôde negar quando, no século XVI, alertava os povos sobre o risco da ditadura, conforme a definia. Em seu *Discurso da servidão voluntária*, La Boétie dizia que, «todas as vezes que nomeamos no singular a pluralidade social, nos dispomos a favorecer a tirania». Quem dera fosse verdade! A mais triste realidade é que se trata de um objetivo hoje utópico para um fascista contemporâneo. Foram-se os tempos em que um *duce*, um rei ou um tribuno podiam governar sozinhos, na santa paz, todo um povo. Mas a *ânsia pelo um* pode ser usada para, ao menos em parte, limitar o pluralismo e podar um pouco as instituições democráticas, reduzindo o máximo possível as forças em jogo. Estando o povo educado a se reconhecer num chefe, o segundo estágio é manter o consenso por meio de uma comunicação eficaz e o mais banal possível. Banal, vocês entenderam bem.

Simplificar é complicado demais

A democracia tem a característica descabida de ser um sistema de governo que se funda no dissenso, ao invés do consenso: isso significa que qualquer fulano que tenha uma opinião tem absoluta certeza de que todos não veem a hora de ouvi-la. Tantas décadas de modinha democrática arruinaram o povo, acostumando-o à ideia de que pode haver posições dissonantes até entre aqueles que estão no governo, e que uma parte do tempo que deveria ser destinada ao comando seja dedicada a compará-las incessantemente, com a compreensível ineficiência que deriva disso.

Não muito tempo atrás tínhamos um método eficaz para resolver o caos gerado por essa pretensão indisciplinada de que todos fossem ouvidos: o fascismo identificava os dissidentes e os calava, confinando-os em lugares isolados ou diretamente na prisão, onde ninguém podia ouvi-los (com Gramsci funcionou muito bem); ou fazia entender, por bem ou por mal, que era melhor que todos estivessem de acordo com as ideias do chefe em vez de ficar propondo outras para atrapalhar quem estava procurando fazer o melhor para o país.

Infelizmente, com o advento da internet as coisas mudaram de forma drástica. Mesmo mandando alguém para uma ilha, seria preciso pelo menos se certificar de que lá não existe internet, pois qualquer espaço da internet, qualquer página de rede social e qualquer *streaming* direto anulam as distâncias e multiplicam as vozes, o que torna impossível impedir a palavra a quem quer que seja. Isso com certeza é um problema; porém sempre se soube que o fascismo faz de um problema uma oportunidade, e, quando não é possível impedir o caos, então é preciso explorá-lo em vantagem própria.

Se o obstáculo que a contemporaneidade apresenta para o desenvolvimento do fascismo é que agora todos — não somente o chefe — encontraram uma forma de fazer a própria voz ser ouvida, talvez a solução mais fascista seja exatamente deixá-los falar. Só que o tempo inteiro. Todos. Ao mesmo tempo. Sobre tudo. Sem a mínima hierarquia de autoria de opiniões. Se milhões de pessoas que antes tinham a televisão e os jornais como pontos de referência estão hoje nas redes sociais o tempo inteiro comentando, compartilhando, curtindo ou discordando, não há razão alguma para impedi-las, pois é justamente o fato de todas as pessoas estarem fazendo o mesmo que tornará a voz de cada uma indistinta das outras e definitivamente sem influência alguma.

A democracia defende que sejamos todos iguais? Deixemos que o demonstre fazendo com que todas as opiniões sejam percebidas como iguais. Se convencermos todos de que um vale um,[2] no fim ninguém valerá mais do que o outro, e qualquer coisa, ideia ou pessoa será perfeitamente intercambiável, como se fossem cartas extraídas por acaso de um maço de cartas idênticas. Devemos, portanto, minar todo princípio de autoria de opiniões, a fim de que verdadeiro e falso não sejam mais distinguíveis com base em quem os afirma; porém, para fazê-lo será essencial destruir as figuras públicas que tenham autoridade moral ou científica, isto é, aqueles que acreditam saber mais do que os outros.

Médicos? Servos das grandes empresas farmacêuticas. Estudiosos do clima? Alarmistas irresponsáveis. Estatísticos e economistas? Manipuladores de números a serviço da casta. Escritores? Radicais chiques. Aliás, ser «intelectual» tem de se tornar mesmo inconveniente, até porque nunca ninguém soube realmente qual a finalidade dos intelectuais. Sabem ou entendem mais do que os outros? Se forem democratas, deveriam se envergonhar pelo simples fato de pensarem assim. Com essa total invalidação das competências e das experiências, todos, no fim, se expressarão, mas ninguém mais será verdadeiramente ouvido, e o resultado é que quem controlará as novas mídias ainda será

---

2 Mote do Movimento 5 Estrelas, a frase *uno vale uno* evoca uma política de horizontalidade, de democracia direta — em oposição à democracia representativa —, em que todos teriam igualdade de direitos e liberdade de opinião.

quem controla as mídias tradicionais, porém com a vantagem de que todos terão a sensação de estar dizendo algo, e não de ter sido silenciados. Poder expressar o dissenso ainda será democrático, mas por sorte o dissenso em si não produz democracia se não desencadeia mudanças.

As mídias sociais escondem outro potencial que na construção de um percurso fascista pode se revelar bastante útil: são púlpitos graças aos quais o chefe pode se dirigir diretamente aos cidadãos sem passar pelos mediadores sociais que na maioria das vezes distorcem o sentido de sua mensagem. Nenhum jornalista a serviço dos inimigos. Nenhuma pergunta tendenciosa. Nenhuma entrevista nos jornais, até porque ninguém mais os lê. É melhor chegar diretamente ao povo, pessoalmente e sem formalidades, com um estilo desenvolto do tipo *Pergunte ao chefe*, como nas colunas de conselhos de amor das antigas revistas femininas.

Dessa forma, o chefe dará a impressão de que ouve todos os pedidos, mas depois ele próprio escolherá o que quer responder e o que não quer, como é justo que seja. Infelizmente, isso não quer dizer que os jornalistas desaparecerão, ou pelo menos não de repente. Eles poderão continuar a fazer perguntas como todos os outros, mas dessa forma suas interrogações contarão como as de qualquer pessoa, e se ficarem em suspenso se perderão no ruído de fundo da rede. As respostas do chefe, ao contrário, serão compartilhadas milhares de vezes, porque não é verdade que nas novas mídias estejamos todos em condições de igualdade: se você não é ninguém, está em condição de igualdade com outros ninguéns, mas, se você parte de uma posição de poder, esse poder agirá também nas novas mídias. Todos os instrumentos, se usados de modo fascista, tornam-se úteis ao fascismo.

Uma das inegáveis vantagens de tais instrumentos é que são muito mais eficazes na transmissão de mensagens breves, claras e facilmente memorizáveis. Chega de interrogatórios parlamentares, explicações públicas, longos debates televisivos e páginas e páginas nos jornais para entender os bastidores: são inúteis e só servem para criar mais confusão.

As pessoas comuns, que na democracia são obrigadas a se interessar, a se informar e a decidir, com o fascismo viverão em paz, tomarão conta da própria vida e de bom grado delegarão todo o resto ao chefe. Por isso, fazê-las entender os detalhes de tudo o que está acontecendo é perda de tempo: é suficiente dizer o necessário para que se permitam confiar em quem está decidindo. Também não é preciso que tudo o que está sendo transmitido seja verdadeiro, porque a verdade em si não existe: é um dado político, não um dado de realidade, e, portanto, quem governa a política sempre governa também a verdade.

Diferentemente da democracia, o escopo da comunicação no fascismo não é se fazer entender, mas sim se fazer repetir, e por isso temos sorte em sermos fascistas em tempos de internet: fazemos menos esforço, pois os instrumentos nasceram exatamente para isso. O que mais é o compartilhamento, no fundo, além da infinita repetição de uma única mensagem proveniente de uma única fonte? Usando poucas palavras de ordem e slogans simples, que podem ser transformados em hashtags, acontecerá que todo o trabalho antes realizado por um ministério específico será feito e impulsionado pelos próprios cidadãos, com a vantagem de que eles acreditarão ser a origem da mensagem, e não seu destinatário.

Daí poderíamos pensar que nas mídias sociais o fascismo deveria se comunicar por mensagens simples, mas esse seria um grave erro, aliás, um dos preferidos dos democratas. Não se deve simplificar a complexidade, deve-se *banalizá-la*. Simplificar, além de ser muito complicado, significa retirar o supérfluo e manter o essencial; mas é exatamente o supérfluo que gera aquele útil ruído de fundo que torna todas as vozes iguais e neutraliza o maldito dissenso.

Em vez disso, o que se deve fazer é produzir muitas mensagens banais. Um monte. Banalizar tira do povo o essencial, que compete ao chefe, e deixa o supérfluo, o que permite às pessoas falar de qualquer coisa, exceto daquilo que não precisam saber para viver bem. Não é difícil. Para cada situação complicada existem pelo menos vinte ideias diferentes de como resolvê-la, mas normalmente existe apenas um grande medo. Encontrar esse medo e fazer dele a mensagem é muito mais eficaz do que procurar simplificar as vinte ideias de soluções diferentes, que na verdade não interessam a ninguém. O que as pessoas querem é deixar de sentir medo, e não discutir possíveis soluções, porque o medo é de todos, a solução é do chefe. Se há uma insatisfação difusa e o chefe ainda não encontrou uma solução, a melhor das banalizações estratégicas é dar ao povo um inimigo a quem atribuir a culpa.

Fazendo inimigos

Ninguém se torna fascista sem um inimigo, pois, para se impor, o fascismo deve se contrapor. Dirão que isso não é diferente na democracia, já que no fim das contas, sempre que as pessoas têm de votar, um vota contra o outro. Não é exatamente assim, porque os democratas não conseguem renunciar à ideia de legitimar as diferenças de pensamento, e continuam a ser inexplicavelmente generosos com aqueles que apresentam dissensos. Eles não chamam seus antagonistas políticos de *inimigos*, mas de *adversários*, uma figura inútil e incômoda que, por mais que possa ter ideias diferentes, permanece, de toda forma, na dialética do reconhecimento; um pouco como no caratê, em que depois dos golpes eles fazem a reverência.

Na democracia, ninguém nega ao adversário a possibilidade de dizer, organizar e apresentar o que pensa em forma de programa para solicitar aprovação. O adversário é alguém com o qual a alternância de poder é prevista como um evento absolutamente provável, por mais que no fim todos, hipocritamente, sempre esperem que o antagonista jamais chegue a governar. Mas na democracia o adversário continua a ser uma sarna mesmo quando perde, porque faz oposição. Você nunca se vê livre dele, ele está sempre ali, controla o que você faz, destaca seus erros, lembra a todos suas promessas não mantidas e força-o a estar à altura daquilo que diz. Em qualquer situação de vida ninguém teria por perto alguém tão irritante, e, no entanto, a democracia permite que sujeitos dessa laia se alojem até mesmo onde a vida de todos é decidida. Por isso é compreensível quando alguém diz: é o pior dos sistemas de governo.

Essa propensão dos democratas a legitimar tudo é estúpida, sem dúvida, mas muito útil para o fascismo: ao se apresentar para as eleições com o bom senso de evitar dizer explicitamente «sou fascista», há boas chances de que os bobocas democratas deixem a pessoa se candidatar, ganhar votos e até governar, convencidos de que seja simplesmente um adversário com ideias um pouco diferentes. Como em Troia, não adianta tomar nada de assalto: basta construir um cavalo de madeira e serão as próprias instituições democráticas a lhe abrirem as portas. Apresentar-se como adversário é um ótimo cavalo de Troia.

«Mas será mesmo que os democratas progressistas e conservadores estarão dispostos a acreditar que não somos fascistas?», vocês podem muito bem se perguntar. Claro que sim, e a razão é obvia: no fundo eles desejam, com todas as forças, acreditar que o fascismo não existe, que é um fenômeno histórico superado e que não há nenhuma possibilidade de que volte a se apresentar.

Como consequência, vão espontaneamente ignorar todos os sinais que poderiam obrigá-los a reconhecer o fato de que sempre estivemos aqui, nunca fomos embora e há anos estamos nos reorganizando. Seremos chamados de «nostálgicos», «nova direita», «nacionalistas» ou de outras formas, mas eles próprios não vão querer pronunciar a palavra fascistas, porque desperta não a nós, que estamos despertíssimos, mas seus próprios fantasmas.

Se apesar disso alguém entendesse o recado e viesse a pronunciar tal nome, com ou sem o prefixo «neo», e exigisse — por mais absurdo que seja — que fôssemos impedidos de participar das eleições, de assumir cadeiras, ou até mesmo pedisse que nos fosse imputado o crime de apologia ao fascismo, o cavalo de Troia do adversário se revelaria então plenamente funcional. Bastaria gritar com indignação «Estão vendo só, vocês não são verdadeiros democratas! Vocês, na verdade, querem reprimir o dissenso, as diferenças, o pluralismo, as vozes contrárias», e o inverossímil aconteceria: por serem mecanismos defeituosos, as democracias, acusadas de ser antidemocráticas, entrariam em curto-circuito, e os democratas poderiam até mesmo chegar a pensar que são eles próprios os fascistas, já que não permitem a expressão alheia. É esta a maravilha da democracia: à diferença do fascismo, sempre pode ser usada contra si própria.

A brincadeirinha de se fingir de adversário dos democratas é viável para entrar no sistema, mas, uma vez dentro, é o momento de agir de forma honesta: não existem adversários, apenas inimigos. Com relação ao inimigo não há equívocos: não estamos falando de alguém que faça parte do sistema, mas sim de sua anomalia, de seu câncer. Deixemos aos democratas a tarefa de se referir aos antagonistas como adversários, em especial se os adversários forem vocês, pois, cada vez que eles os nomearem, os legitimarão como parte do sistema. E vocês, em contrapartida, comecem o mais cedo possível a nomear os antagonistas pelo que realmente são: seus inimigos.

Não é difícil: ao contrário do adversário, que tem a irritante tendência a se revelar uma personalidade reconhecível, o inimigo não tem uma identidade precisa, ao contrário, muitas vezes não tem nem mesmo nome e sobrenome, e, portanto, pode encarnar categorias genéricas e nebulosas como «os imigrantes», «os islâmicos», «os mercados», «os buonistas»,[3] «os da ideologia de gênero», «os turbocapitalistas», «os anarquistas insurrecionalistas» ou «as feministas». Isso permite a você taxar de inimigo praticamente qualquer um, mesmo quem não tenha a mínima

---

3 *Buonista*, adjetivo derivado de *buonismo*, qualifica aquele que ostenta bons sentimentos, tolerância e benevolência em relação aos adversários (políticos, sobretudo). A palavra transforma uma qualidade em insulto.

ideia da sua existência. A vantagem é que você pode partir para o ataque de forma completamente unilateral, pois o inimigo continuará sendo útil, não importando sua reação: basta o fato de ele existir (e às vezes nem é preciso que exista).

Para que seja eficaz a transição do adversário a inimigo, é preciso abandonar todas as delicadezas típicas de luta oriental que fazem parte do sistema democrático: o inimigo não é respeitável, pois do contrário você não poderá aniquilá-lo, terá sempre de parar antes de pôr um fim ao embate, que assim nunca deixará de recomeçar. Para explicar a quem o escuta que o vocabulário fascista não é igual àquela perda de tempo democrática, é necessário falar do inimigo de maneira desfigurada e possivelmente desumanizada, por exemplo, identificando-o com animais aos quais o ser humano associa suas características negativas. São ótimas expressões como parasita, mula, verme, hiena, cadela, abutre, porco, rato, macaco, barata. Bicho do mato também é ótimo, mas, a depender das circunstâncias, um «besta» genérico se mostra muito eficaz. Se não se quer utilizar animais para indicar o inimigo, é possível usar alcunhas que deformem o nome ou que evidenciem um defeito físico, fazendo a parte se tornar o todo. Se o inimigo é baixo pode ser chamado de anão, se tem um sobrenome assonante pode-se deformá-lo, e se é negro pode-se ironizar seu bronzeado. No caso de surgir indignação, basta replicar dizendo que era brincadeira e que, de toda forma, esse tipo de linguagem faz parte do direito de crítica política ou de sátira: na democracia normalmente fica por isso mesmo. No entanto, aquele nome deformado, aquela apóstrofe ou aquele defeito físico terão entrado na mente de todos, e quem até ontem parecia um adversário respeitável a essa altura terá se tornado objeto de gozação, difamação e ódio. Em outras palavras, um verdadeiro inimigo.

O segundo estágio, depois da deslegitimação, é o da atribuição de culpa. Com um adversário é sempre complicado, pois, pelo fato de ter personalidade própria e ideias e ações específicas, só se pode culpá-lo de algo que tenha efetivamente feito, possivelmente tendo de demonstrar a culpa. No entanto, o inimigo, por ter identidade genérica, pode ser confortavelmente acusado de qualquer coisa, o que dispara o princípio da responsabilidade comunicante, segundo o qual as culpas de um único inimigo podem ser transferidas em bloco à categoria de pertencimento inteira. Um negro estupra uma garota? Todos os negros tornam-se estupradores. Um islamita avança sobre uma área de pedestres gritando Allah Akbar? Todos os seguidores de Maomé transformam-se em potenciais terroristas, até o cozinheiro paquistanês da padaria da esquina que nunca empunhou algo além de sua pá de forno. Essa transferência moral obviamente não deverá acontecer com as boas ações, que mesmo quando são reconhecidas publicamente devem ser vistas como exceções individuais à regra de má conduta da categoria do inimigo.

Visto que não somos bobocas como os democratas, convém que nos especializemos a fim de evitar que alguém tente usar contra nós as mesmas armas retóricas, e para tanto é indispensável impedir a nosso respeito qualquer generalização que não seja positiva. É preciso dar como certo que todos os nossos semelhantes são gente de bem até que se prove o contrário, e, se alguém vier a pegar um fuzil e sair dando tiros pela rua, essa pessoa não apenas terá fugido à regra, mas será também descrita como uma agulha no palheiro, um maluco que não pode ser considerado responsável nem mesmo por suas ações, que dirá ter sua responsabilidade transferida para qualquer outra pessoa.

Nesse jogo retórico, um italiano branco que estupra uma mulher representará sempre e somente a si mesmo, enquanto um imigrante negro representará todos os negros e também todos os imigrantes. Para reforçar a construção do inimigo será útil espalhar a ideia de que o mesmo crime será muito mais grave se quem o cometer for um imigrante e não um italiano, o que confirma a ideia de que o inimigo não é melhor do que nós em nada, e sim pior do que nós em tudo. Igual, porém, jamais.

Assim narrado, o inimigo nos alivia de qualquer necessidade dialética. Com ele não é preciso desembaraçar desacordo nenhum ou fazer reverência ao final de um embate.

No entanto, são necessárias sua destruição e remoção do cenário social, com ou sem escavadeira.[4] Obter esse nível de repulsa não é fácil, por causa dos entraves politicamente corretos de uma democracia, mas podemos chegar lá: basta minar para sempre a possibilidade de diálogo com a categoria escolhida como inimiga. Por exemplo, é preciso convencer a todos de que a cultura própria e a do inimigo são inconciliáveis, o que fará parecer inútil a comunicação entre os indivíduos. Pode-se também assimilar o inimigo a um poder forte, inalcançável e indefinido por excelência, que terá sempre segundas intenções em nosso prejuízo; assim, qualquer proposta de conciliação será vista como uma armadilha ameaçadora. Nessa última variante, aciona-se a formidável arma da conspiração, pois o inimigo indemonstrável é muito mais detestável do que aquele que podemos encontrar na padaria toda manhã.

Duas palavras devem ser ditas sobre a categoria que convém eleger como inimiga. Deve-se falar dela sempre como ameaçadora, pois não é possível ser inimigo de um pobre coitado que não tem forças nem para se manter de pé. O problema é que

---

4 O vocábulo escavadeira (*ruspa*, em italiano) evoca a política intolerante que usava escavadeiras literal e metaforicamente para eliminar o que julgava impróprio, desde construções edilícias até a presença de imigrantes em território italiano.

muitos inimigos úteis ao fascismo não têm nenhum aspecto ameaçador. No entanto, eles são ameaçadores. Os imigrantes que desembarcam da África são um perigo, mas é preciso saber explicar por quê. Alguns fogem de guerras e da fome com mulheres grávidas e crianças pequenas, mas entre eles há sobretudo homens jovens e fortes, cheios de desejo de vingança e, portanto, potencialmente competitivos no trabalho e em relação às mulheres. Vêm de culturas e religiões que, se por acaso se firmassem aqui, nos obrigariam a levar em consideração suas diferenças. As imagens que os mostram como vítimas são enganosas e contribuem para a construção de uma piedade que não podemos permitir que nosso povo sinta.

Há apenas uma forma de alguém tão evidentemente frágil ser percebido como ameaçador: dizer-se ainda mais frágil e fazer as duas fragilidades competirem. Procuram trabalho? Não há trabalho nem para nós. Querem construir espaços de culto? Em seus países nossos correligionários são assassinados! Fogem da guerra? Antes nossos idosos sem aposentadoria, nossos jovens emigrantes, nossas famílias empobrecidas. Se o jogo for do carrasco contra a vítima, é um jogo perdido: ninguém quer ser o merda que fecha a porta de casa enquanto alguém lá fora morre de fome. Mas, se todos forem vítimas, então as fragilidades nos colocam no mesmo plano e ninguém terá obrigações para com o próximo. Por isso, é necessário falar de nós mesmos como um povo um pouco fraco, unido mas frágil, prostrado e abandonado, sozinho contra todos (a Europa, o mercado, os banqueiros estrangeiros, tudo é útil) e vítima de um mal-estar originário de padrões externos que freia um desenvolvimento que, do contrário, certamente seria fulminante. Até que o fascismo não esteja definitivamente afirmado, haverá sempre alguém tentando dizer que aqueles que vêm de fora são mais vítimas do que aqueles que estão dentro, mas contra essa retórica não se devem economizar ataques diretos e deslegitimadores.

Buonistas, amigos dos traficantes de imigrantes, radicais chiques, mulheres que abrem as pernas para os negros.

O papa? Que fique no Vaticano, mas que antes pague o IMU dos imóveis que a Igreja deve para o Estado.

Chorando pelos que morreram no mar? Não vi choro nenhum por nossos idosos que não fecham as contas do mês.

As ONGs? Cúmplices dos aproveitadores, assim como as cooperativas de acolhimento que lucram à custa daqueles pobres coitados.

As possibilidades são infinitas, mas o êxito é sempre o mesmo: quanto mais um povo se sente vítima sob ameaça, mais se unirá em defesa própria e irá em busca de um chefe forte que o guie e o proteja.

Onde estiver, proteja[5]

O mundo é difícil. Estamos rodeados de inimigos internos e externos. Em casa, todos os dias lutamos contra o desemprego, a fuga de nossos jovens para o exterior, o salário que sempre termina antes do fim do mês, o serviço de saúde pública que não garante o direito a tratamento médico, e a escola que não promete futuro a mais ninguém. Lá fora, o mercado externo não vê a hora de fazer nossas empresas se ajoelharem, e nossos artesãos e operários definham sem ocupação, na dependência do salário-desemprego.

A ameaça cultural não é menor. Existe um mundo que não vê a hora de cruzar nossas fronteirais e nos impor seus costumes retrógrados, sua religião sanguinária, sua cozinha fétida e seu modo estranho de ver as coisas. Querem nos mudar e para tanto se aproveitam de nossa solidariedade. Vêm aqui, pedem acolhimento e, com a desculpa de quererem se parecer conosco, nos forçam todos os dias a nos tonarmos um pouco mais parecidos com eles. De início comendo *kebab* e, por fim, tirando os crucifixos das escolas usando o respeito como

---

5   O título do capítulo, *Ovunque proteggi*, remete a uma canção do compositor Vinicio Capossela.

desculpa, privando-nos de nossas raízes e de nossa identidade. Querem nos substituir etnicamente e, com a desculpa de que já não temos filhos — como se fosse uma escolha não ter filhos neste mundo de incertezas! —, deixam adentrar nossas fronteiras centenas e centenas de jovens homens de cor que hoje são pobres e querem apenas comida e roupas usadas, mas que amanhã serão menos pobres e reivindicarão nossos direitos, nosso trabalho, nossas mulheres. Reivindicarão ser como nós.

O fascismo pode nos proteger porque, ao contrário da democracia, reconhece que tudo isso é um perigo. Os democratas, até mesmo os liberais, que, no que tange à economia, nunca se deixariam chamar de esquerda, são muito ligados à ideologia da diferença — como é bonito todos serem diferentes no mundo, como uns podem aprender com os outros, com a comida étnica, com o multiculturalismo, com o ecumenismo e assim por diante, misturando coisas que até entre eles não há por que misturar. Enquanto isso, o mundo continua a se tornar um lugar difícil, estamos cada dia mais frágeis e nossa única possibilidade é nos defendermos com todas as nossas forças, confiando nossa sorte a quem saberá nos guiar contra os ataques que estamos sofrendo. Para muitos, essa visão poderá parecer catastrófica, mas é melhor temer a catástrofe por antecipação do que sofrê-la de surpresa.

A democracia, sempre ingenuamente confiante no progresso e nas potencialidades positivas do gênero humano, é o instrumento menos indicado para fazer frente a esses perigos, porque em geral as constituições democráticas fundam-se exatamente nos pretensos valores que impedem que tais perigos sejam reconhecidos: igualdade, solidariedade, direitos humanos. O mantra «*stay human*» [continuemos humanos], que tanto agrada aos democratas de coração mole, esquece que os humanos são a espécie dominante do planeta justamente porque são os predadores de todas as outras. Continuar humano in natura quer dizer sobreviver, colocar a si mesmo antes de qualquer coisa, saber se defender contra todos e, se necessário, até contra os próprios semelhantes. Portanto, nós fascistas também dizemos «continuemos humanos», mas o sentido que damos responde a um dado de natureza, não à fácil comoção de quem já pagou todas as prestações do empréstimo. O fascismo deve, portanto, fazer com que todos entendam que nas situações de perigo — ou seja, sempre — é capaz de se organizar muito melhor do que a democracia para proteger quem é fraco ou assim se sente. Claro, pode acontecer que haja fracos que não sabem que são fracos. Mas é suficiente encontrar a forma de fazê-los saber que o são.

Não é uma tarefa complicada, na verdade. Na sociedade capitalista contemporânea, só 1% da população não é definida como frágil, porque ganha demais para ter pontos fracos. Todos os outros cidadãos têm algo a perder e, conseguindo mostrar a eles que esse algo está ameaçado, confiarão em quem quer que demonstre estar em condições de defendê-lo.

O bem primeiro, aquele pelo qual todos trabalhamos e lutamos, é sempre a família. Desse modo, evidenciar o quão enfraquecida está a família é essencial para suscitar um espírito bélico saudável nos pais e nas mães. Os inimigos da família são aqueles que procuram subverter os papéis naturais do homem e da mulher e suas funções tradicionais. As duas categorias que procuram fazê-lo há décadas são sempre as mesmas: as feministas e os gays.

Nos anos em que a democracia acreditava ser invencível a ponto de impor a todos suas ideologias desviantes, passou-se a ideia de que as causas feministas — aborto, divórcio, igualdade de gênero, liberdade sexual — eram louváveis e deveriam ser apoiadas como forma de progresso, assim como foi possível convencer boa parte da sociedade de que os desejos dos gays — não discriminação, casamento e até adoção — fossem inclusive direitos humanos. Nenhuma das duas coisas é verdadeira e ambas são perigosas. A pretensa libertação da mulher só levou à queda do número de nascimentos e à competição com os homens pelos postos de trabalho, deixando em casa berços vazios, jantares frios e montanhas de camisas a passar. A chamada revolução sexual criou confusão e distanciou as mulheres dos homens a tal ponto que hoje não se pode nem lhes fazer um elogio ou lhes dar uma palmada carinhosa que elas logo chamam de assédio. Por outro lado, enquanto as mulheres não querem mais se casar e cuidar da família, os gays, por sua vez, reivindicam tais coisas como se fosse normal. É o mundo ao contrário gerado pela democracia, em que qualquer trapalhada adquire sentido só porque há uma maioria que diz que está tudo bem. Mas não se pode subverter a natureza com golpes de decreto de lei, do mesmo modo que o sol não se poria a leste só porque a maioria decidiu assim. Essa bagunça que está mandando para o espaço a família natural origina-se da ideia completamente equivocada de que as mulheres são iguais aos homens, e os gays, iguais aos heterossexuais.

O fascismo, política do bom senso, tem como tarefa fundamental a de recolocar as coisas em seu devido lugar, e começar pela mulher é essencial porque a mulher é a sustentação do homem e o homem é o chefe da família: se ela sai do lugar, tudo despenca. O fascismo sabe que as mulheres não são autônomas. Na natureza, as fêmeas procuram proteção, e as fêmeas humanas não são exceção: elas têm necessidade dos homens porque são fracas e os homens são fortes. Preciosas por sua função materna e acolhedoras por índole, as mulheres são delicadas, e protegê-las é um dever, sobretudo quando irracionalmente não querem ser defendidas. Não devem se expor a riscos inúteis, frequentando lugares pouco seguros, ou adotar comportamentos desinibidos que as põem em perigo, pois dão a entender que estão disponíveis. Lá fora está cheio de homens de outras culturas prontos para estuprá-las, pois as consideram objetos inferiores.

A sabedoria fascista deve lembrar às mulheres que é exatamente a pretensão de serem fortes que faz delas um alvo, e que o fato de terem se furtado ao papel que a natureza lhes designou desestabilizou também seus homens, que com muita frequência — feridos e abandonados — reagem de modo desequilibrado, com consequências que seria melhor evitar. Não servem para nada as delegacias da mulher, legado do feminismo, que encorajam as mulheres a denunciar seus companheiros em vez de resolver os conflitos e manter as famílias unidas. Uma proposta de governo fascista oferecerá, portanto, políticas de assistência não propriamente à mulher, que não é um sujeito social a ser considerado isoladamente, mas à mãe em sua função. A ideia seria mesmo imaginar uma divisão «Mamães» entre as categorias políticas de referência. Mas uma escolha de linguagem assim tão explícita poderia ser contraproducente entre as classes de conservação democrática que ainda têm como referência o feminismo radical. Uma vez enfraquecidas, a mãe finalmente voltará a ser o centro da vida familiar e, portanto, política.

No que se refere aos gays, não há a menor necessidade de explicar o mal que representam para o gênero humano pelo simples fato de existirem. Eliminá-los ou submetê-los a tratamentos, depois de tantos anos de permissividade democrática que contagiou até os Estados vizinhos ao nosso, exigiria um dispêndio de energia e dinheiro bastante desproporcional. Obrigá-los a se esconder para não dar mau exemplo aos jovens é, no entanto, um dever de que não se pode abrir mão. Qualquer tentativa de deixar a homossexualidade passar como normal é uma ameaça à família e à continuidade da espécie. Por isso, as crianças devem ser protegidas tanto da doutrinação da ideologia de gênero — que, com a desculpa de banir a discriminação, faz com que elas acreditem que podem ser o que querem, em vez de aprender a querer ser o que já são — quanto da doutrinação sobre a igualdade dos sexos. Meninos que se comportem como meninos e meninas que se comportem como meninas.

Fundamental é falar da debilidade de uma categoria por muito tempo esquecida e que, no entanto, representa e representará cada vez mais a maioria nas sociedades ocidentais: os idosos. Os aposentados com salário mínimo são frágeis e deles ninguém cuida. Resolver as pragas atuais do sistema de aposentadoria é impossível, infelizmente, por culpa da democraticíssima igualdade de gêneros, que, ao permitir que as mulheres saíssem para trabalhar, tirou delas o tempo e a vontade de ter os filhos que teriam depositado as quantias necessárias para pagar a aposentadoria às gerações precedentes. As mulheres colocaram-se à frente das necessidades do coletivo, e por causa disso toda a sociedade paga um preço muito alto. Os aposentados das periferias podem, contudo, ter alguma dificuldade em entender que as consequências das falhas da democracia não podem se tornar responsabilidade do fascismo. Mas conseguem entender muito bem a banquinha na praça do bairro onde são distribuídas cestas básicas, pois, se não é possível resolver a causa da doença social, pode-se tratar do sintoma onde este se apresenta. Infelizmente, um gesto de cuidado para com um idoso empobrecido não o transforma de maneira automática em um fascista: é necessário, portanto, não deixar que confundam solidariedade e política, porque o fascismo, mesmo quando distribui cestas básicas, não é uma organização sem fins lucrativos, e sim um movimento político.

Ao sermos solidários com os últimos é importante logo salientar que não o estamos fazendo pelos últimos, mas sim pelos *nossos* últimos, e que antes vêm os nossos, e depois, se sobrar, virão os últimos dos outros; mas sabemos muito bem que nunca sobra nada. Toda vez que um desses idosos recebe de nós fascistas uma cesta básica, precisa saber que o sistema democrático está distribuindo outras duas delas a um estrangeiro. Toda vez que os democratas tentarem dizer que é preciso socorrer os fracos, o fascismo recordará que os primeiros fracos são aqueles de nossa casa e que a política terceiro-mundista democrática os abandonou, preferindo cuidar de pessoas que não pertencem ao nosso povo. Desse modo, ficará claro que os inimigos são tanto aqueles que reivindicam receber ajuda sem ter direito quanto a própria democracia, que afirma que o direito de receber ajuda é de todos. A fraqueza dos nossos será nossa força.

Para muitos, essa atenção do fascismo às fragilidades sociais é paternalismo, mas, se paternalismo for o olhar do pai que protege todos, sobretudo quem não consegue se virar sozinho, então sim, sejamos paternalistas. Um Estado é como uma família em que o pai é o chefe e devidamente se comporta como tal, porque, se uma só pessoa assumirá a responsabilidade de representar a todos, então essa pessoa deverá tomar conta de todos. Se você é aquele que soube ver as fragilidades sociais, então tem mesmo o direito de se oferecer como protetor e guardião. No fascismo, todos têm de se sentir em segurança. Ninguém deve se sentir obrigado a se tornar forte e autônomo sozinho, porque sabemos que certas fraquezas são estruturais e não podem ser resolvidas. Convencer as pessoas de que podem se tornar autônomas em relação ao Estado é um ato irresponsável para com elas: faz acreditarem que não têm necessidade de proteção e assim, quando o verdadeiro perigo se apresentar, não estarão preparadas para enfrentá-lo. A fraqueza dos indivíduos é fundamental para a força do Estado, pois quem se reconhece fraco confia em quem é forte. E quem é forte, quando necessário, não se imobiliza diante de nada para proteger os seus.

Na dúvida, dê porrada[6]

Nas veias da democracia correm muitas contradições que podem ser aproveitadas pelo fascismo, mas a maior dentre elas é a da não violência. Sei que parece ilógico, mas, mesmo sendo um sistema de governo fundado no contraste de posições, a democracia insiste em recusar a violência como modalidade política, que é o equivalente a tentar criar tarântulas nutrindo-as com verdura. Segundo o imperturbável espírito democrático, a manifestação do dissenso, quando existe, deve ser gentil, regulada, organizada e mediada, todos adjetivos mais apropriados para um chá das cinco entre aposentados do que para a expressão de uma divergência.

Por sorte, somos seres humanos e é nosso próprio convívio em grupo que gera as condições de violência. Isso faz com que até as democracias sejam obrigadas a desenvolver formas de hipocrisia em sua gestão, e a primeira delas é reservar para si a legitimidade da violência: ela é consentida legalmente apenas às forças de ordem que agem em nome das instituições. Na prática, assim como o

---

6 O título do capítulo, *Nel dubbio mena*, remete a uma música da banda Zetazeroalfa usada como slogan de movimentos neofascistas.

tabaco e o álcool, nos sistemas democráticos a violência é monopólio do Estado. Contudo, tratar a violência como se fosse uma substância entorpecente tem como consequência o paradoxo de que até as instituições acabarão por praticá-la com sentimento de culpa, como se estivessem tomando uma cachaça às escondidas, sempre pedindo desculpas e sufocando-a de tal forma, com tantas restrições, que usar de violência pode causar sérios problemas ao policial mais do que ao delinquente que a merece.

O resultado dessa consciência pesada é que na democracia, por mais absurdo que possa parecer, se você pega a pessoa cometendo um crime, não pode partir para cima dela. Se ela tem informações que não quer dar, você não pode extorqui-la. Se ela se recusa a confessar, convencê-la com maus modos fica complicado, sobretudo nas democracias mais degeneradas, em que existe o crime de tortura. Nesses países, se você se depara com um pedófilo que violentou um menino e quer saber se ele tinha cúmplices, fica com as mãos atadas: não se pode usar eletricidade, ferramentas de corte são ilegais, de espancamento também, ameaças aos familiares estão excluídas e pressões psicológicas são aceitas só até certo ponto; se você dá ouvidos aos extremistas democratas, deixar a pessoa amarrada e nua num quarto com um pernilongo já seria matéria para a Anistia Internacional.

Nos países em que por sorte a tortura ainda não é crime, pode-se recorrer à violência, mas mesmo assim sempre com cautela, prestando atenção para não ser visto e sobretudo para não dar cabo de ninguém, com risco de indiciamento moral e legal, especialmente se for o caso de crime ligado à expressão de oposição política. Assim chega-se ao paradoxo supremo: se um policial mata um manifestante político, vai para a cadeia e depois nunca mais voltará a ser policial, ao passo que, se o manifestante mata o policial, vai para a cadeia, mas depois voltará a ser manifestante, porque na democracia o direito ao dissenso não falha jamais. Sinto pena das forças de ordem obrigadas a atuar dentro de um sistema tão irracional: elas podem usar de violência porque são o Estado, mas aí o próprio Estado exige que sejam gentis ao fazê-lo. É um total contrassenso, mas para nós, no fim das contas, é bastante útil: onde encontraríamos melhor terreno de cultivo de suas frustrações para que surja o sentimento de simpatia pelo método fascista?

O fascismo, por sua vez, nunca faria ninguém cair na contradição da não violência, muito menos um representante das forças de ordem: o uso da violência como consequência da necessidade não só é permitido, como é também vivamente aconselhado. Nosso modelo organizacional (e por consequência também político) é o da ordem natural, e na natureza a violência existe em profusão e não sofre nenhum julgamento moral. O lobo dá cabo da ovelha, e por acaso processamos o lobo por isso? A leoa alfa mata os filhotes da líder anterior da alcateia, e pedimos que preste contas desse sangue? Os elefantes atacam e arrasam com quem invade seu território, mas ninguém os julga como criminosos por causa de sua violência. É o instinto que guia a violência, é a necessidade, são as forças primordiais de nossa própria natureza dominante.

O domínio é violência em si, e isso poderá até mesmo escandalizar as belas almas dos democratas, mas a alternativa é ser dominado, pois num mundo violento a violência não é uma escolha: já está aí. A única coisa que você pode escolher é se a cometerá ou a sofrerá. Nós fascistas resolvemos esse dilema há muito tempo. Se a ferida da democracia é a maldita convicção de que a violência é o último refúgio dos incapazes, estamos verdadeiramente convencidos do exato contrário: a não violência é o refúgio dos incapazes de reconhecer que a violência às vezes é necessária. Se você tem um inimigo, precisa estar disposto a tudo para derrotá-lo. Se você tem um chefe, precisa estar disposto a tudo para segui-lo. Se você tem algo ou alguém que é seja caro, precisa estar pronto para defendê-lo de todas as formas. Não há meio-termo quando você ama seu país, sua gente e sua família, sua cultura e sua fé como se fossem os únicos no mundo; e este é um mundo, muitos se esquecem, em que só se respeita o que se teme.

O fascismo, porém, não esquece, e por isso encoraja a violência intimidatória em todas as suas formas, desde a amplitude de recursos e possibilidades à disposição do Estado até a legítima defesa de cada cidadão. Com relação a essa última parte, o sentido da legitimidade da violência é tanto prático quanto pedagógico. As armas nas mãos dos cidadãos não serão de fato muito importantes durante o estabelecimento pleno do Estado fascista. O chefe será uma garantia suficiente para assegurar a todos que, se adiantasse usar a força, bastaria a sua. Quanto mais o chefe expressar sua promessa de violência, menos o povo sentirá a necessidade de usá-la por si mesmo, pois se sentirá seguro e protegido. As armas individuais são, porém, necessárias na primeira fase do fascismo, aquela em que a convivência com a fraqueza e o laxismo da democracia permite que seja disseminada a ideia de que o Estado não está defendendo seus cidadãos. Nesse contexto ainda imaturo, a própria vida agirá como cúmplice do fascismo: a cada fato noticiado, a cada violação da propriedade privada, a cada estupro ou furto será possível invocar leis que autorizem a legítima defesa dentro de casa, para reforçar a ideia de que o Estado democrático não está fazendo o bastante para garantir a segurança, obrigando as pessoas a resolverem sozinhas. Quando o homem forte chegar ao poder, os fuzis serão abaixados, mas, para que isso aconteça, é preciso que antes eles sejam levantados. Ao chefe ficará a certeza de que, se o povo, por si próprio, já levantou armas uma vez, se for necessário estará disposto a fazê-lo novamente por ele.

Mas falar de armas já é uma fase madura do avanço do fascismo. A centelha que afirmará a necessidade de violência surge, na realidade, muito antes: na linguagem. O fascista, desde o início, tem de se comunicar de forma clara. Para que a violência volte a ser um instrumento de luta política é essencial abandonar qualquer meio-termo expressivo e chamar todos os dias as coisas por seu nome. Isso é necessário sobretudo quando há a desvantagem de uma convivência inicial com a democracia, que faz de tudo para mudar os nomes das coisas.

Nesse contexto, como fascistas devemos reivindicar que pelo menos em nossas bocas os pretos deixem de ser «pessoas de cor» e voltem a ser pretos. As putas não são «profissionais do sexo», os deficientes não têm «necessidades especiais», a condição nada natural dos gays não tem de ser negada dentro da incompreensível sigla LGBT e a encheção de saco tem de parar de ser edulcorada e transformada em «contratempo», porque é uma encheção de saco.

Os democratas ficarão chocados porque isso quebrará seu esquema hipócrita, mas vocês — quer falem num comício, no microfone de um jornalista, nas páginas de um jornal ou na cadeira do parlamento — devem invocar sempre o direito de expressão, de crítica ou de sátira. Repitam que estão fazendo «provocação», uma expressão que na democracia significa curiosamente que não estão fazendo nada de concreto, mas na realidade estão fazendo exatamente aquilo que a palavra significa: provocar o pensamento violento na esperança de que leve a uma ação consequente.

    O politicamente correto matou a fresca espontaneidade deste país, obrigando-nos a fingir que não vemos o que realmente temos à nossa frente. Para sermos gentis, acabamos nos tornando mentirosos ao aceitarmos usar expressões que serviam para parecermos mais elegantes do que as pessoas sentadas no balcão da padaria. A política fascista, no entanto, não precisa de falsos intelectualismos para se sentir superior a quem representa: nós não somos superiores ao povo, nós somos o povo e falamos como o povo. Se existe um lugar no mundo onde todos têm de nos entender, esse lugar é exatamente o balcão da padaria, onde aliás há muito mais gente do que na universidade. A linguagem fascista, pensando bem, é mais democrática do que a politicamente correta, pois não deixa ninguém se sentir inferior, mesmo que, obviamente, muitos dos democratas se achem superiores. Não tenham raiva deles, pelo contrário, sintam-se gratos, ao menos num primeiro momento. Toda vez que algum deles procurar reivindicar o uso de expressões refinadas ou diplomáticas, chamando-nos talvez de ignorantes ou grosseiros, estará nos oferecendo a possibilidade de mostrar ao povo que os democratas se preocupam muito mais em colocar em suas bocas o subjuntivo do que um pedaço de pão. Deixem que o façam: só assim os radicais chiques aprenderão por conta própria que não existe uma única sociedade no mundo na qual os povos prefiram o subjuntivo.

É quando nos afastamos do discurso político comum, isto é, quando o jogo fica duro de verdade, que é hora de dar o próximo pulo: o da violência verbal abertamente direcionada aos inimigos. Se os inconvenientes internos à sociedade devem ser geridos com vocabulário já autorizado, o inimigo verdadeiro deve ser enfrentado com palavras performáticas, que anunciem e preparem as ações.

Não bastará, portanto, insultá-lo, chamá-lo de estúpido, de ladrão ou de covarde: é necessário dizer o que seria certo fazer com ele para deslegitimá-lo, aniquilá-lo e apagá-lo, pois, se você puder dizer o que lhe faria, já será meio caminho andado. Por isso, as expressões a serem usadas têm de ser explícitas. De início será penoso, já que na primeira fase ainda democrática poderá aparecer alguma denúncia por incitamento ao ódio ou outros crimes inventados pela democracia para proteger a si mesma. Não é motivo para recuar: é quando o perigo se mostra concreto que se começa a ver a diferença entre quem tem colhões e os almofadinhas com terno de alfaiataria prontos a se curvar às causas da diplomacia.

O fascismo precisa de gente viril, não de metrossexuais de parada gay que no máximo podem negociar a cor das barracas de alojamento. Da boca do chefe, principal motor do comportamento do povo, devem sair convites à ação, possivelmente em forma de verbos no infinitivo, como *afundar, asfaltar, mandar tomar no cu, remover com uma escavadeira, fazer desmanche em ferro-velho*; são bons todos os termos que sugiram a remoção do inimigo do cenário comum, associando-o ao lixo, aos entulhos de demolição, ao supérfluo, ao suprimível. Quem escuta tem de entender que com o fascismo a mamata *buonista* acabará também na linguagem, que os problemas serão chamados por seus nomes e as soluções, se necessário, serão drásticas.

A voz do povo

Nem todos os populismos são fascismos, mas todo fascismo é antes de mais nada um populismo, pois — mesmo não nascendo nunca das classes populares — o fascismo as descreve como elas querem ser descritas: fortes nas intenções, frágeis apenas pelas circunstâncias, matrizes da autenticidade nacional e verdadeiras protagonistas sociais.

Exaltar as qualidades populares é o primeiro passo para alimentar um genuíno sentimento fascista nas massas. Tudo o que vem do povo é saudável e verdadeiro e, mesmo quando se apresenta de forma um pouco desmantelada, é abraçado e defendido como expressão do espírito nacional. O fascismo deve, porém, manter sempre clara a diferença entre ser populista e ser simplesmente popular. Enquanto no populismo todos dirigem o olhar para o chefe, a popularidade democrática deixa que todos voltem o olhar uns para os outros, perdendo de vista o horizonte. Popular é a democracia, pois desenvolve nas classes dirigentes o sentido de pertencimento ao povo e no povo a ilusão de poder tomar o lugar da classe dirigente, como se numa família o pai e os filhos fossem intercambiáveis. Essa postura de reciprocidade acaba cegando, pois aquele que o vê como igual não respeita você. Pousando o nariz na tela de uma obra-prima, nunca perceberemos sua harmonia geral, nunca seremos capazes de descrever o que realmente vimos. O populismo é o contrário da popularidade, pois mantém sempre a distância certa entre as necessidades da massa cidadã e a força de quem pode satisfazê-las. Quem é popular se reconhece no povo, mas quem é populista pode fazer mais: oferecer ao povo alguém em quem se reconhecer.

Ser populista sendo fascista não é difícil: é como cortejar uma garota feiosa, que sabe que é feiosa porque durante anos outros garotos a esnobaram, mas que não vê a hora de encontrar um cara que lhe dirá que os outros é que foram estúpidos de não entender sua beleza. Esse rapaz, se acertar no que disser, a levará para a cama todas as vezes que quiser, e ela sempre ficará muito feliz com isso. Vocês já notaram que nem a xoxota é democrática? Não tem para todos, mas só para os que sabem conquistá-la. Por isso, se querem ser fascistas, sejam sedutores acima de tudo: olhem ao redor e procurem a feiosa social. Tem um monte.

Tomem, por exemplo, as pessoas que por diversos motivos não estudaram. Com o fetiche democrático da escola pública e do ensino obrigatório, foi disseminada a convicção de que todos deveriam estudar até mesmo se por acaso não quisessem, pois estudar era naturalmente nobre. O resultado é que aqueles aos quais não interessava estudar, e na primeira ocasião conseguiram parar, durante anos foram alvo de gozação. Dirijam-se a estes, aos pouco escolarizados, que o dia inteiro ouvem de qualquer um que tenha estudado mesmo um dia só a mais, que são analfabetos funcionais. Digam-lhes que não é verdade que estudar adianta, que o que conta é a universidade da vida, que os diplomados não são melhores do que ninguém (e que ficam por aí com aquele inútil pedaço de papel no bolso), e não se esqueçam de dizer que uma mão cheia de calos é mais honrável do que uma bunda que ficou quadrada por causa da cadeira da escrivaninha. Quem não tem conhecimentos poderá finalmente parar de se envergonhar de sua ignorância e começar a desprezar quem estudou e o olhou de cima a baixo durante décadas.

Ser populista funciona sobretudo com as mulheres, justamente porque é como cortejar a feiosa da faculdade. Foram as feministas que disseram que são tratadas como se fossem inferiores aos homens e que por isso deveriam se rebelar contra a condição de submissão? Mostrem que não acham que se trata de uma condição de submissão! Evoquem suas avós e chamem-nas de matriarcas. Recordem os perfumes da infância, quando sempre havia uma mulher em casa mexendo as panelas no fogão. Recuperem a sabedoria da simplicidade popular, das coisas feitas em casa à mão, das mães que sustentaram este país com o dom de seu amor. Digam a elas que passar camisas e cuidar dos filhos e dos velhos doentes não as torna inferiores, pois na verdade as torna únicas, dotadas da genialidade feminina que um homem jamais possuirá.

Anunciem medidas de governo que favoreçam essas atividades, por exemplo isenção fiscal para quem fica em casa cuidando de idosos e incentivos à maternidade para quem decide ter filhos. Digam às mulheres que são melhores, e elas, para continuarem sentindo-se especiais, farão mais e mais vezes o que já não queriam fazer, mesmo quando se virem diante da possibilidade de escolher diversamente: se estudaram, vão passar roupas, se tiverem um trabalho, vão abandoná-lo para tomar conta das crianças, se sonhavam em ser emancipadas, vão se casar. Se os homens encontrarem a forma de fazê-las se sentirem especiais, mulher nenhuma jamais sentirá a necessidade de igualdade.

A categoria da especialidade é populista por excelência: toda vez que estiverem em presença de uma fragilidade, chamem-na de especialidade, prometam protegê-la, e seus detentores vão parar de pedir que vocês resolvam a situação. Vão para o Norte? Elogiem sua produtividade e seu rigor, evoquem as pequenas sociedades empresariais que fortalecem o *made in Italy*, contraponham seu empreendedorismo à região Sul, parasita e indolente, e prometam reduzir os impostos. Vão para o Sul? Evoquem o sacrifício de seus avós emigrantes, exaltem a autenticidade dos costumes, sua capacidade de se virar, sua hospitalidade contraposta à frieza setentrional, e prometam isenções e obras grandiosas. Os sicilianos? Só gente especial. Os campanos? Especialíssimos. Os sardos? Únicos no Mediterrâneo. Os lombardos? Como eles, ninguém.

Para cada uma dessas especialidades há uma promessa que o fascista tem o dever de fazer. Os democratas — envenenados pelo pesadelo da igualdade — fariam a mesma promessa a todos, mas o fascista sabe que é melhor que sejam todas diferentes, porque cada grupo social tem de se imaginar único aos olhos do chefe. Algumas afirmações poderão parecer contraditórias — como, por exemplo, no Sul ficarem sabendo que no Norte dizem que são indolentes —, mas isso não é relevante nem na política, nem na sedução. Nenhuma mulher, com exceção da bruxa da Branca de Neve, quer ser a mais bela de todas: basta que sejam desejadas quando têm de ser.

A capacidade do chefe de sintetizar em sua pessoa cada uma dessas identidades, e de fazê-las sentirem-se representadas, passa também pelo modo como se veste, que deve ser sempre populista. Quando for encontrar os que não conseguem fechar as contas do mês, o chefe deve vestir jeans, moletom, macacão, coisas simples e baratas. Com os pais de família, é ideal que se apresente de camisa social, decente mas casual, deixando a impressão de ter a fibra de quem conseguiu chegar lá sem se render a formalidades. Com os poderosos e os profissionais liberais tem de usar gravata, mas os modos continuarão arejados, joviais, prontos a quebrar protocolos, porque a energia fascista é uma força impaciente e respeita as regras só enquanto não pode mudá-las.

Quando o fascismo já estiver maduro, as roupas serão indiferentes, e então o próprio corpo do chefe é que representará o país, possivelmente mediante uma iniciativa que requeira força, resistência e controle, como nadar uma longa distância no mar, entrar em águas gélidas, ter uma vida sexual alegremente movimentada e ostentada ou correr quilômetros e mais quilômetros. O ápice do populismo é mostrar-se em *deshabillé* na intimidade da família, quem sabe durante as férias, reintegrando a força à imagem da confiabilidade.

O verdadeiro cerne do populismo, o que lhe permite ser o berço do fascismo, é, porém, o tema universal do dinheiro. Na democracia, a posse de quantidades diferentes de dinheiro por parte dos cidadãos cria muitos problemas, pois vai de encontro ao princípio de equidade (que anula o mérito) e à também absurda contribuição proporcional (como se ganhar mais fosse uma culpa a ser expiada). Dado que respeitar essas duas condições nunca é possível na prática, tanto o rico quanto o pobre serão infelizes na democracia, pois um se sentirá perseguido pelos impostos, e o outro, esquecido pelos serviços públicos. Para o populista fascista, essa diferença, por sorte, não existe: é possível ser popular apenas com as classes populares, mas é possível ser populista com todos, pois o medo de perder o que se tem — seja pouco ou muito, não faz diferença — é o mesmo para todos. Por essa razão, ao se relacionar seja com pobres, seja com ricos, o fascista populista deve sempre dizer «nós», aproximando-se às condições de seus interlocutores e agindo de acordo com elas.

Ao se dirigir às pobres pessoas que não fecham as contas do mês, não faz muito sentido começar a propor grandes reformas estruturais: as urgências não toleram os longos prazos, nem mesmo os médios. O bom democrata, entre uma sessão de pilates na academia e um curso de cozinha vegana, citaria nesse momento a parábola de Mao, que diz ser melhor ensinar um homem a pescar do que presenteá-lo com um peixe. É uma historinha interessante, mas, para ensinar alguém a pescar, isto é, para lhe dar instrumentos para a emancipação, são necessários anos: quando a pessoa aprender já estará morta de fome, e, com toda razão, o povo quer comer agora. Para dar diretamente o peixe, cinco minutos são mais do que suficientes, e por isso prometer ajuda concreta e instantânea às pessoas em dificuldade é um dever do fascismo. Todas as medidas que agem economicamente no agora são preciosas e aconselháveis. Não é preciso muito: basta um pouco a mais de dinheiro por mês no ordenado ou a redução de um tributo odiado e ficará imediatamente claro que o que nos importa verdadeiramente são as exigências reais da gente pobre. Nenhuma reforma jamais poderá competir com oitenta euros no ordenado, e nenhuma lei revolucionária jamais será tão bem-vinda quanto a extinção do imposto sobre imóveis. Fatos desse tipo, além de efetivamente gerarem um benefício imediato a quem os desfruta, reforçam a ideia do chefe que toma conta dos fracos e contribuem na construção de um povo bem mais confiante em sua diligência de bom pai de família.

O populismo adequado à classe média é diferente. Mesmo que essa categoria de cidadãos chegue com folga ao final do mês e talvez até consiga guardar algum dinheiro para emergências, tem consciência de que para descer os degraus da escala social basta um segundo, e não precisa de muito para que de um dia para o outro se veja sem recursos. Por sorte, a pequena burguesia é fácil de agradar, uma vez que tem sonhos tão pequeninos quanto ela própria. É sensível ao tema dos investimentos porque pode se permitir fazê-los, e o preferido é o do mercado imobiliário. Todas as medidas que permitam a reforma de um imóvel ou que prometam isenções fiscais sobre a compra e venda de uma casa são vias seguras de consenso nessa classe social. Conforme se aumenta a renda e a burguesia, de pequena, se torna média, a proposta populista cresce como um suflê e vai tocar o ponto nevrálgico dos interesses burgueses: os tributos. Se como fascistas vocês garantirem que as altas rendas não sejam decapitadas — com uma *flat tax*, por exemplo —, a burguesia lhes será sempre fiel.

Por fim, há o populismo expressamente reservado aos ricos, aqueles com os quais nem o mais generoso dos democratas conseguiria ser popular. Os ricos não são muitos em relação ao resto da população, mas são ricos de verdade e com frequência ocupam posições de poder estrutural: tornar-se seu inimigo é burrice, tornar-se seu amigo convém a eles e a nós. Suas riquezas não dependem de receita, mas sim do patrimônio acumulado, e, portanto, as preocupações giram em torno da tutela e do crescimento desse patrimônio, pois nesses níveis o capital que fica parado é capital já perdido. O populista deve relacionar-se com essas pessoas como se fossem indigentes, porque, quando se trata de tutelar o próprio dinheiro, até o milionário se sente classe média. A vocês poderá parecer paradoxal, mas essa é a categoria social mais interessada nas reformas, pois, não tendo urgências, pode se permitir esperar seus efeitos. O populismo direcionado aos ricos poderá prometer escudos fiscais para o dinheiro mandado ao exterior, mas agindo assim arriscará irritar as massas populares, que poderiam se sentir ludibriadas. É muito melhor prometer reformas radicais dirigidas aos pontos nevrálgicos do sistema estatal; por exemplo, medidas para os contratos de emprego que reduzam os custos do trabalho, e planos de reforma do sistema previdenciário que reduzam as obrigações de contribuição por parte das empresas.

O verdadeiro populista cuida de todos proporcionalmente: aos pobres oferece um pouco de peixe grátis de vez em quando, à classe média, a geladeira na qual vão guardar as sobras, e, à alta burguesia, o lago onde todos poderão pagar para ir pescar.

No meio disso tudo, o chefe poderá decidir, por exemplo, mostrar ao povo duas faces de si: se já era rico devido ao trabalho, não há razão alguma para se privar da vida que esse dinheiro garante; aliás, será exatamente esse dinheiro a prova de que é um homem bem-sucedido e confiável. Porém será oportuno mostrar-se generoso com respeito a essa riqueza, subvencionando as realidades mais díspares e tornando conhecidas suas atividades de beneficência. O outro caminho, mais árduo, é não se valer dos privilégios que, como chefe, lhe seriam de direito, sacrificando qualquer benefício público que possa vir a ser percebido pelo povo como supérfluo. Todos os fascistas podem e devem realizar gestos simbólicos que façam as pessoas simples entenderem que somos gente como elas: vocês verão o quanto é eficaz mostrar às pessoas que, depois de anos de gastos com automóveis oficiais, vocês se locomovem a pé, usam o transporte público, como todos, ou andam de bicicleta.

Dessa forma, será bom negócio marcar a diferença com relação aos democratas. O populismo econômico na verdade não é apenas construtivo: serve também para destruir os inimigos políticos. Se algum deles questionar as medidas do chefe, será suficiente apontá-lo como rico privilegiado que não entende os problemas da gente pobre porque vive numa cobertura, usa joias e relógios caros, tem bens imobiliários que nenhum salário normal poderia permitir e não sabe sequer quanto custa um quilo de macarrão no supermercado.

É fundamental sempre associar o status social do inimigo à sua credibilidade: o povo deve pensar que, quanto mais dinheiro os democratas têm, menos terão o direito de representá-lo, pois por definição o povo não tem dinheiro. É em momentos como esse que, como fascista, me sinto muito grata à democracia: em uma sociedade que prometeu oferecer a todos a oportunidade de alcançar a prosperidade, aqueles que virem que não a alcançaram sentirão frustração e raiva, sentimentos que se transformam facilmente em instrumentos políticos. Se contestarem um mandado judicial, não se defendam pelo mérito: digam que os detratores são rápidos para falar mal de nossa conduta porque têm costas quentes. Toda vez que receberem críticas, respondam que é fácil falar morando em uma cobertura em bairro nobre, mas que a vida real é outra história. Barcos, automóveis de luxo ou imóveis caros — sobretudo se houver suspeita de terem sido comprados com os proventos da atividade política — são pontos fracos perfeitos para envergonhar os abastados democratas, e não por serem abastados, mas porque são democratas. Foram eles que inventaram o fetiche da igualdade, e, portanto, é só deles que o povo vai esperar equivalência de estilo de vida. A democracia aplicada à economia é um sistema absurdo em que todos pensam que só quem não consegue fechar o mês pode compreender os problemas de quem não consegue fechar o mês. Vocês, naturalmente, deixem que pensem assim à vontade: o mecanismo de construção do consenso fascista, por sorte, passa por outros lugares.

Uma boa mão no exercício do populismo pode ser dada pelos radicais chiques, isto é, a burguesia democrática, especialmente a de esquerda, que pode se revelar acima de qualquer suspeita seu melhor aliado. Trata-se de pessoas — não necessariamente favorecidas, mas sempre minimamente convencidas de que são cultas — que numa sociedade capitalista alertam sobre o dever moral de combater os desequilíbrios sociais, mas sabem que devem parte de seu bem-estar, ou a esperança de alcançá-lo, a tais desequilíbrios. O que farão, então? Simples: para gerenciar o sentimento de culpa, vão se comprometer com as lutas marginais, nunca com as fundamentais. Eles o farão com vigor, com muitíssimo empenho, porque é justamente do fato de ser *radical* sem ter verdadeira necessidade que deriva o ser *chique*, como os móveis de estilo falso pobre em suas salas. Assim, gastarão sua paixão cívica com as consequências, mas nunca com suas causas. Irão sem falta às ruas pelo reconhecimento deste ou daquele direito das bichas e se acorrentarão contra a vivissecção dos bichinhos de laboratório, a queima de lixo ou o viaduto rodoviário que deturpa a paisagem detrás de casa, mas jamais farão o mesmo contra a reforma trabalhista ou contra um imposto fixo que proteja seus mais altos rendimentos.

Os radicais chiques, numa palavra, nunca moverão um dedo contra a organização dos fatores econômicos de que dependem suas condições. A diferença com relação à burguesia democrática de direita é que esta última pode até ser *chique*, mas certamente não *radical*, pois não sente o menor dever moral de travar batalhas. A classe social é a mesma, mas não a classe ideológica, já que no fundo a burguesia de direita nunca acreditou realmente nesse papo de igualdade. Sendo fascistas, vocês encontrarão ambos com frequência, e não se espantem ao ver que são amigos, os bem de vida e os bem pensantes de uma e outra burguesia. Entre um prato e outro de um jantar em comum, os democratas de esquerda podem pensar que os de direita são no fundo boas pessoas, quando deixam de lado essa fantasia de ser de direita, enquanto os de direita vão reparar nos duelos civilizados de seus companheiros de refeição como se repara em manias, tiques, pequenas idiossincrasias. Ambas as categorias de burgueses serão úteis ao fascismo: ambas deixarão que vocês trabalhem, uma por sua negação do todo e a outra por seu desinteresse em relação a tudo que não lhe diz respeito.

Mas no final somente uma delas se tornará cúmplice.

Não se esqueça de mim[7]

A instrução a seguir deveria ter sido a primeira de todas, mas considerei que seria muito mais bem compreendida depois de eu ter destacado o método fascista o máximo possível dos episódios históricos, de forma que ficasse claro a todos que quem quiser pode se tornar fascista a qualquer momento, em qualquer latitude e em todas as línguas do mundo.

Porém não seria justo esquecer o fato de que os italianos têm a sorte de poderem ser fascistas exatamente no país em que o fascismo se batizou, e conservar a memória do que fomos é fundamental para reencontrar o orgulho de ainda existirmos. Não é fácil fazer isso numa Itália que tem (por enquanto) uma constituição que se pretende antifascista, pois significa que a história, da forma como foi contada, chegou a nós distorcida, instrumentalizada e mistificada. O trabalho de reapropriação da história será muito árduo, e isso quer dizer que é preciso começar imediatamente. Toda vez que você tenta mexer na versão deles, os democratas se opõem, e entende-se o porquê:

---

[7] A a música *Non ti scordar di me*, de Luciano Pavarotti, dá nome ao capítulo.

eles a contaram de modo que constrói uma belíssima imagem de si, e não é estranho que não queiram ouvir o contrário. Por isso foram espertos — talvez o único caso em que foram realmente espertos — ao criar dispositivos de segurança para salvaguardar sua narrativa: durante anos, no ensino obrigatório, ensinou-se às crianças que os heróis eram os *partigiani*, e os fascistas eram traidores da pátria e cúmplices conscientes dos horrores de um Estado estrangeiro. Essa forma de proceder, arrogante e violenta, longe de dar razão à sua versão, só prova que a memória é um fato político e a memória de guerra é o mais político dos fatos: o que e como lembrar é decidido pelos vencedores sobre o corpo de quem perdeu e não pode mais dar sua versão.

Mas as coisas podem mudar, pois a memória tem a característica de ser perecível: se não é conservada, vai pelo ralo, e esse é um risco que os democratas correm toda vez que nasce uma nova geração e eles se esquecem de impingir às crianças as lorotas oficiais dos programas de história. Já está acontecendo. Durante muitas décadas a democracia se sentiu em segurança e forte pelo fato de os *partigiani* ainda estarem vivos. Os democratas trataram a república italiana como um fato tão inacreditável que para acreditar nela eram necessárias as testemunhas oculares. Para demonstrar sua existência, pensavam que bastaria a versão de seus sobreviventes. Naturalmente, não é assim. Os *partigiani* não possuem a história, mas apenas recordações, traços de uma experiência individual que mal pertence a quem as viveu. A memória é mais do que isso: é a forma como um grupo de pessoas dominantes escolhe algumas recordações dos fatos ocorridos num preciso momento histórico, encontra nelas um sentido útil e o transmite como se aquele fosse o sentido de todos.

Os democratas fizeram uma escolha e a chamaram de história, mas ainda estamos falando de uma escolha. Por isso, ter clareza na distinção entre recordações e memória continua sendo importante: as primeiras são patrimônio pessoal dos indivíduos, a segunda é o resultado de um processo coletivo. A diferença é fundamental para o fascista: os portadores de recordações estarão cedo ou tarde todos mortos, e por isso não há nenhum sentido em travar uma guerra com eles. Basta esperar e, enquanto isso, preparar-se para ter novamente em mãos a verdade sobre o próprio passado. A sequência de ações fascista, quando chegar o momento, seguirá uma progressão linear: primeiro, contaminar a memória alheia, depois, desconstruí-la e, finalmente, na hora certa, reescrevê-la.

Contaminar a falsa memória é o primeiro passo necessário para poder purificá-la. Os democratas presentearam-se com um casal de datas — 25 de abril e 2 de junho — que sancionam o nascimento da democracia e decretam ao mesmo tempo a morte do fascismo. Para justificar a primeira e tornar a segunda legítima, foi alçada uma retórica patriótica que de um lado exalta o papel dos próprios heróis e de outro difama sem escrúpulos a contraparte, num jogo de branco e preto em que não há espaço para outras tonalidades. No entanto, é justamente das outras tonalidades que vocês podem começar a contaminação.

Nessa primeira fase, nada daquilo que atribuem a nossos pais, avós e bisavós deve ser negado: seria prematuro e suscitaria uma indignação muito grande, difícil de conter. Em vez disso, finjam ser moderados, limitem-se a integrar a versão deles. Repitam continuamente que «aconteceram outras coisas também». Os democratas contrapõem jovens corajosos a infames violentos? Digam que é fácil julgar agora os fatos do passado, mas que na época tudo estava tão indistinto que na mesma família Gramsci havia tanto o Antonio, o irmão *partigiano*, como o Mario, o irmão fascista. Os democratas comemoram seus mortos? Apresentem-se nos monumentos aos mortos de guerra usando coroas de louro, lembrando silenciosamente que as datas em que se toca a fanfarra são de luto nacional, não de festa, já que os mortos eram todos italianos. Se os democratas forem falar de todos os horrores do fascismo (e o farão), não os desmintam: lembrem dos horrores deles. As associações dos *partigiani* lembram as fossas ardeatinas?

Vocês lembrem as foibas.[8] E, sobretudo, indiquem as ruas, a infraestrutura, os monumentos, e digam: «Fez coisas boas também». Não subestimem a pedagogia dos espaços: os espaços fascistas falam de grandeza, de vitória, de eficiência e de orgulho, enquanto a democracia construiu apenas vilas de casas enfileiradas e balões de trânsito. Quem quer que escute e veja, começará a perceber a rachadura no monólito da narrativa democrática, mas o máximo que acontecerá a vocês será serem definidos como *nostálgicos*.

Assim que a democracia baixar a guarda e começar a dar por certo que sua história é a única possível, significa que terá chegado o momento de desconstruí-la. Como saber quando? A partir de mil pequenos indícios, e o primeiro deles será que os professores começarão a dizer distraidamente que não tiveram tempo de chegar na parte do programa dedicada ao século XX.

Bastam duas gerações de uma garotada que não tenha sofrido a lavagem cerebral sobre a Resistência e vocês terão adiante o caminho livre. Aos netos dos *partigiani* vocês já terão lançado a dúvida de que os fatos da história podem ser contados, pelo menos, de dois pontos de vista, ambos verdadeiros num

---

8 É conhecido como massacre das «foibe» o assasinato em massa, durante a Segunda Guerra Mundial, de italianos residentes na região do Friul-Veneza Júlia, Dalmácia. O massacre foi perpetrado, principalmente, pelos membros do Partido Comunista iugoslavo.

certo sentido. Aos filhos deles, comecem a dizer que aqueles pontos de vista talvez não sejam assim tão verdadeiros. Afirmem que o fascismo não matou ninguém, no máximo mandou algumas pessoas de férias em exílio. Repitam que os italianos não participaram do planejamento e da execução do Holocausto. Se virem que ninguém reagiu, forcem um pouco: comecem a duvidar de que o Holocausto tenha realmente ocorrido. Ou duvidem da forma. Ou dos números.

Mesmo que antes não tenham reagido, é certo que a essa altura os democratas vão deixar de chamá-los de *nostálgicos* e começarão a defini-los como *negacionistas*, mas as coisas terão caminhado tanto que talvez seja complicado estabelecer quem nega o quê. São tempos em que as fontes de informação perderam autoridade e o fundamento das afirmações para todos tende ao grau zero (cf. instrução 3 sobre a banalização). Nesse momento, cada um defenderá sua verdade em condições de igualdade, mas, graças ao trabalho de vocês, a garotada que nascerá nos anos da desconstrução terá muitos instrumentos da geração anterior para entender que a história escrita pelos vencedores não necessariamente era toda verdadeira.

Esse remanejamento da memória é necessário também para defender-se do mau hábito dos democratas de transformar toda culpa em responsabilidade. A culpa verdadeira ou hipotética pode até ser grave, mas diz respeito ao passado: todos fizeram coisas pelas quais podem ser culpabilizados, mas essas ações começam e acabam com quem as cometeu, ou não se segue em frente. A responsabilidade, ao contrário, é uma armadilha infinita, hipoteca também o presente e o futuro e nunca o liberta.

Na democracia, toda vez que chegam às suas mãos as consequências de um desastre herdado de quem veio antes, você tem de assumir o peso como se tivesse sido você a cometê-lo e agir como se coubesse a você resolvê-lo. É um modo de estar no mundo impossível de suportar, e apesar disso é exatamente assim que a escola democrática educou por anos nossos filhos: lembrando-lhes continuamente de algo pelo qual não têm culpa. O que aconteceu, aconteceu. Não me interessa o que fizeram os fascistas daquelas duas décadas: eu não matei 6 milhões de judeus nos campos de concentração (aliás, é preciso ver até que ponto esses números são verdadeiros) e não assinei as leis raciais. Então por que raios eu deveria me sentir responsável?

Os chamados dias da memória são uma usurpação moral: servem para jogar a culpa pelos fatos ocorridos até em quem não tinha nem nascido. É um modo de impedir que as ideias alternativas à linha democrática possam ser defendidas em igualdade de condições. Tentem dizer que os judeus controlam as finanças mundiais e as políticas ocidentais e vocês serão imediatamente associados aos campos de concentração. Tentem afirmar que não basta ter nascido na Itália para tornar um negro italiano e vocês se verão imediatamente enquadrados como filoarianos hitlerianos. Por outro lado, se vocês adotarem a mesma estratégia e arriscarem atribuir a responsabilidade dos gulags e das foibas aos netos dos *partigiani* da época, verão imediatamente como nenhum deles vai querer herdar as nojeiras de seus avós, enquanto todos continuarão exigindo que os supostos horrores dos nossos nos sejam imputados continuamente. É este o jogo sujo ao qual serve a memória na democracia: transformar as ações dos avós deles em culpas pessoais a ser esquecidas e as dos nossos em responsabilidades coletivas a ser lembradas até a sétima geração.

É por isso que reescrever a memória deve ser a fase final do percurso de reapropriação. Os fatos, distorcidos ou inventados pela retórica da resistência democrática, têm de ser recontados do zero segundo uma versão mais justa, que restitua ao fascismo suas boas intenções, sua capacidade de projetar o país e o reconhecimento da eficácia de suas políticas. É hora de parar de tocar «Bella ciao» nas manifestações públicas, porque essa canção — medíocre, além de tudo — por muito tempo dividiu os ânimos. Será também a hora de reconhecer o valor do pensamento e da ação fascista na vida civil italiana, dedicando ruas e monumentos aos seus nobres pais e fiéis filhos, e finalmente será possível discutir a absurda existência de um crime de opinião como o da apologia ao fascismo, que — com a cara da democracia — pune criminalmente até mesmo o simples levantar de um braço em sinal de respeito pelo que fomos.

A essa altura, não seremos mais vistos como nostálgicos inócuos e negacionistas lunáticos. Será norma sermos definidos como fascistas ou neofascistas pelos democratas. Mas também será nossa vitória: teremos levado novamente à boca de todos uma palavra que poucas décadas antes estava associada aos mortos e ao passado, a uma realidade já tida como desaparecida.

Nós não desaparecemos.

Nós permanecemos.

E, no fim, tanto na história como na geografia, vence quem fica.

Fascistômetro

Assinale as frases que considera de bom senso e some o total:

1. O sufrágio universal é superestimado.
2. Não temos o dever moral de acolher a todos.
3. O cidadão médio é como uma criança de doze anos não muito inteligente.
4. Chega de partidos e partidinhos.[9]
5. Como pode se tornar ministro uma pessoa que nem diploma tem?
6. Sou formado na universidade da vida.
7. Na Itália, qualquer um pode dizer não e interromper uma obra estratégica.
8. O estupro é mais inaceitável quando cometido por quem pediu asilo.
9. Os meninos que se comportem como meninos, as meninas que se comportem como meninas..
10. Os italianos têm de vir em primeiro lugar.
11. Cultura não mata a fome.
12. A Itália é um país ingovernável.

---

9 Refere-se ao alto número de novos partidos surgidos recentemente na Itália, visto por muitos críticos como pulverização do sistema político italiano.

13. Uma mulher, por mais que esteja em evidência, deve sempre dar espaço a seu homem.
14. Haverá uma razão para a cultura ocidental ter servido de modelo para o mundo.
15. Precisamos mesmo de mais uma mesa de conciliação?
16. Os subsídios dos parlamentares são um privilégio insuportável.
17. Nunca matou ninguém, no máximo mandava gente de férias em exílio.
18. Fácil falar quando se tem costas quentes e apartamento em bairro nobre.
19. Seja como for, existe uma família natural.
20. Não lembro de toda essa solidariedade para com nossas vítimas de terremoto.
21. Agora o lobby gay está exagerando em suas exigências.
22. É preciso entender que as pessoas estão cansadas.
23. Temos de defender nossas raízes cristãs.
24. Esses daí não têm a cultura do trabalho.
25. Eles nos roubam trabalho.
26. Os sindicalistas são como servos vendidos.
27. O feminismo ensinou as mulheres a odiarem os homens.
28. O primeiro passo é diminuir o número de parlamentares.
29. Isso não é bondade, é *buonismo*.
30. Um país sem fronteiras não é um país.
31. Vamos deixá-los em pedaços.
32. Seria melhor ajudá-los em suas próprias casas.

33. Um país civilizado não pode dar direito ao voto a gente que até ontem pulava de galho em galho.
34. Não são refugiados, são imigrantes econômicos.
35. Se o Estado não me protege, tenho de me proteger sozinho.
36. As cotas cor-de-rosa são ofensivas às mulheres.[10]
37. É racismo reverso.
38. Direita e esquerda são a mesma coisa hoje em dia.
39. Um vale um.
40. Quero lembrar a todos que essa gente vota.
41. Os jornalistas estão todos a serviço do poder.
42. Nós somos violentos por necessidade; eles, por cultura.
43. Seja como for, os *partigiani* também não eram flor que se cheire.
44. Penso em nossos rapazes das Forças Armadas.
45. E o radical chique que dá aula com um Rolex no pulso?
46. E nossos filhos formados que são obrigados a emigrar!
47. Nada se faz em relação ao problema da baixa natalidade.
48. No país deles não podemos fazer o que eles fazem aqui.

---

10 Cotas de gênero que visam paridade representativa no parlamento.

49. Havia os anarquistas insurrecionalistas dos centros sociais.
50. A ideologia de gênero está arruinando as famílias.
51. Para que raios serve o Parlamento?
52. Acabou a mamata.
53. De todo modo, é verdade que fez também coisas boas.
54. Não respeitam nossas tradições.
55. Não reclame quando lhe impuserem o uso da burca.
56. Claro, se você anda por aí vestida desse jeito é porque está procurando.
57. Chega dos que dizem não para tudo.
58. Seria preciso saber quantos são, recenseá-los.
59. Sem vínculo de mandato, os parlamentares viram a casaca quando querem.
60. Eles são os primeiros a roubar.
61. Nossos avós emigravam já tendo trabalho.
62. Esta é justiça de relojoaria.[11]
63. Seria preciso mudar para o presidencialismo.
64. Eu os derrubaria e passaria com a escavadeira por cima.
65. Se gosta tanto deles, leve-os para sua casa.

---

11 Refere-se a questões judiciais inflamadas socialmente após serem difundidas pela mídia em momentos oportunos para condicionar pretensões eleitorais.

Entre 0 e 15
Aspirante

Se você totalizou um número de frases que esteja dentro desta faixa, seu nível de fascismo é ainda primitivo e por enquanto você parece mais um democrata puto da vida do que um fascista sereno e bem formado.

Mas este livro foi escrito justamente partindo do princípio de que as pessoas se tornam fascistas, por isso não se desencoraje: sua inadequação é um ponto de partida. Além do mais, todos os fascistas começaram de posições mais ou menos declaradamente democráticas, e você ficaria espantado ao saber que o percurso não é tão longo como se poderia supor. Você pode começar dos fundamentos, por exemplo, diminuindo sua atenção às diversas vozes que têm a pretensão de explicar o que está acontecendo para se concentrar em uma única; essa postura diminuirá sua confusão e sua ânsia e favorecerá a lógica de fiabilidade ao chefe.

Ao mesmo tempo, nutra suas intolerâncias e desconfianças, habituando-se a considerar ameaçadoras todas as diferenças que têm a pretensão de fazer frente às suas certezas e colocá-las em discussão, sejam elas sociais, culturais, religiosas ou sexuais. Leia somente jornais que apoiem essa visão e escute apenas opiniões que a defendam. Não perca tempo discutindo com quem pensa diversamente: em vez disso, habitue-se a ridicularizá-los, abandonando aos poucos o campo de enfrentamento para entrar no de aversão e rejeição. Pode ser que poucos meses desse simples comportamento sejam suficientes para alçar sua pontuação ao perfil sucessivo.

Entre 16 e 25
Neófito ou Protofascista

Se você atingiu esta pontuação, significa que pelo menos em parte está consciente do quanto o método fascista é eficaz e de como pode ser usado com êxito satisfatório por qualquer um que não tenha preclusões ideológicas. Infelizmente, você parece ainda considerar o fascismo uma opção entre outras, o que significa que está disposto a tolerar o pluralismo dos métodos de outrem e poderia até mesmo se sentir obrigado a defender essa posição. Fique atento, pois um sistema que incentiva a presença, a organização e a expressão da máxima pluralidade de posições culmina inevitavelmente numa democracia. Não é grave: ainda assim você pode fazer muita coisa, mesmo partindo de uma pontuação tão baixa. Continue a defender que o método fascista seja considerado uma expressão livre e paritária do agir político e convença um democrata por dia a tratá-lo com tolerância sem limites. Desse modo, você ajudará a realizar exatamente o que Popper havia teorizado a propósito da sociedade aberta: «a tolerância ilimitada leva ao desaparecimento da tolerância. Se estendermos a tolerância ilimitada também àqueles que são intolerantes, se não estivermos dispostos a defender uma sociedade tolerante contra os ataques dos intolerantes, então os tolerantes serão destruídos, e a tolerância junto com eles». Para que esse cenário finalmente se realize, são necessárias dezenas de pessoas não ainda suficientemente fascistas a ponto de afirmar o fascismo como único método possível, mas também não mais tão democráticas assim a ponto de se organizarem para evitá-lo. Enfim, pessoas como você.

Entre 26 e 35
Iniciado ou «Não sou fascista, mas...»

Você ainda está longe da plenitude de adesão ao fascismo, mas está no caminho certo, pois já chegou a discutir os fundamentos da constituição, o intocável Moloque dos democratas. O primeiro de seus dogmas é que deve se votar para tudo, mas não para os chamados valores constitucionais antifascistas e antirracistas, que excluem a discriminação por fé, opinião política, gênero e condição econômica ou física. Você por sorte não está convencido de que a constituição italiana seja «a mais bela do mundo», ao contrário, você acredita que já esteja datada, especialmente nas partes que regulam o equilíbrio entre os poderes e a participação das bases. Você pode partir dessa convicção para aumentar sua consciência fascista e também a de quem lhe for próximo. Um bom modo de melhorar a pontuação é se concentrar no enfraquecimento do dissenso em âmbito político e econômico.

No front político, peça a ampliação da democracia direta dos cidadãos, mas ao mesmo tempo exija a diminuição de sua representatividade coletiva. Dessa forma, mesmo dando a todos a oportunidade de participar, você estará reduzindo a possibilidade de formação de *lobbies* partidários, comitês, associações e outros núcleos de interesse que exercem a organização do dissenso político. No front econômico, apoie a abolição dos contratos coletivos por categoria e promova a contratação individual por mérito, assim os sindicatos e as corporações se tornarão inúteis. Quando o fascismo estiver completamente afirmado, novos sindicatos e corporações se formarão, mas em torno de interesses a serem promovidos, e não de problemas a serem resolvidos. E então, todos, de volta a suas batalhas e necessidades pessoais, sentirão com mais força o desejo de se fiar num guia forte e perceberão melhor as situações difíceis como emergências que levarão os limites democráticos a serem superados para dar espaço a novas regras.

Entre 36 e 50
Militante consciente

Seu total é alto porque você está num estágio muito avançado de aquisição consciente da visão fascista e já lê a realidade por meio de seus instrumentos. Você é um defensor natural do método e de seus progressos e age abertamente contra seus inimigos declarados. Você intervém em todas as esferas públicas para identificá-los, estigmatizá-los e aniquilá-los aos olhos de todos, e difunde conteúdos que explicam de quem temos de nos defender. Você se lança sem mediação contra qualquer um que tente desmenti-lo, e, como levar o conflito para o lado pessoal é uma técnica que você já conhece, as palavras não são mais seu único material de militância. Se necessário, você sabe até mesmo tirar as mãos dos bolsos e agir quando é preciso, alegando, conforme a ocasião, legítima defesa, o acaso das circunstâncias ou uma molecagem acidental.

Nessa fase de conscientização, você já deverá ter entendido que toda vez que age dessa forma alarga-se o compasso da percepção sobre o que se pode fazer na democracia e o que, ao contrário, teria de ser feito. Não pare: toda vez que você infringe um limite, você o amplia. Talvez na hora você sofra as consequências pessoalmente, mas depois de você serão dez, cem, cem mil a ultrapassar a fronteira. Não recue: atrás de você há todo um povo.

Entre 51 e 65
Patriota

Se você chegou a esta pontuação é sinal de que este livro não tinha muito a lhe ensinar: você renunciou a todo resíduo democrático, já é um fascista convicto e é provável que seja também a referência de outros que, mais neófitos ou menos motivados, olham para você em busca de inspiração e exemplo em seus caminhos de formação. Você tem uma grande responsabilidade e não pode decepcioná-los. Você foi além da mera necessidade de atacar os inimigos da população fascista, destacando suas falhas. Se você se encontra nesta faixa de pontuação, provavelmente entendeu que se for necessário pode inventar outras falhas, segundo o princípio do chinês que espanca a mulher mesmo sem saber o motivo, até porque é ela quem sabe.

Porém seja também construtivo e tranquilizador. Mantenha em alta o sentimento de pertencimento ao país e à nossa cultura, mostrando que apoia a família tradicional, o gênio feminino e o modelo de casal natural. Se as instituições religiosas aplaudirem, mostre-se em conformidade com a doutrina de nossas raízes; mas, se ficarem contra, trate-as como trata todos os inimigos, ataque seus interesses e aponte o dedo para seus pontos fracos. Fale com os pobres, mas lide com os ricos, pois o poder econômico sustenta o bem-estar do país e você deve vê-lo como amigo e guardião. Instile nos desesperados a esperança de que você poderá protegê-los; nos companheiros, a ideia de que você saberá guiá-los; e, nos dissidentes, a certeza de que usará todas as armas para esmagá-los.

Seja claro em suas posições: enquanto você agir dessa forma numa democracia, obrigará as forças democráticas a concentrarem suas energias em você, e não no país. Se essas forças por acaso vierem a se unir, serão forças inimigas que, na convicção de estarem combatendo você, acabarão o corroborando. Sobretudo, não esqueça de transmitir esses ensinamentos. Construa a consciência das novas gerações de modo que o fascismo nunca mais tenha de enfrentar o perigo democrático e suas derivas.

Para evitar qualquer mal-entendido

Eu sei: agora você queria que nesta conclusão eu lhe dissesse que era uma provocação, que foi uma brincadeira divertida inverter os pontos de vista, mas que está na hora de colocar as coisas novamente em seu lugar, de um lado os fascistas e do outro nós, os democratas. Mas não. As coisas que escrevi, nem todas e nem sempre, em alguns momentos de minha existência — os mais duros, superficiais, irritantes ou ignorantes —, ainda que somente por um instante, eu as pensei, e acredito que isso tenha acontecido com cada um de nós. Não me interessava escrever um livro contra os fascistas de hoje ou de ontem, italianos ou americanos, locais ou globais. Que os fascistas estejam por aí hoje é algo que não precisa de mim para estar evidente. Quem ergue muros, quem limita a solidariedade aos seus, quem joga uns contra os outros para controlar ambos, quem limita as liberdades civis, quem nega o direito à imigração com as armas da lei e o álibi da responsabilidade, são estes os fascistas de hoje. O problema é estabelecer quem não está pelo menos em parte envolvido na legitimação do fascismo como método, isto é, o quanto há de fascismo naqueles que se creem antifascistas. O risco é dizer: se tudo é fascismo, nada é fascismo. Não é assim. Nem tudo é fascismo, mas precisamos estar sempre atentos, pois o fascismo tem a incrível capacidade de contaminar tudo.

Agradecimentos

Alessandro Giammei, primeiro motor de tantas escolhas, também desta vez foi o autor da pergunta que me foi necessária para começar a refletir sobre o tema do fascismo como método. Giacomo Papi e Michele Alberico me presentearam em mais de uma ocasião com sua lucidez diagonal, ajudando-me a focalizar melhor o tema e seus argumentos, assim como o fez Leonardo Caffo, militantemente. O talento *partigiano* de Marco Brinzi me fez concretizar a exigência política de falar sobre isso em público, e o espírito de fronteira de Veronica Cruciani abriu os primeiros espaços para eu começar a fazê-lo. O confronto político cotidiano com Omar Onnis, Federica Serra Pala e Luigi Cocco é para mim uma impagável escola dialética. Por último, foi a intuição espiritual de Daniele Luchetti que me deu a sugestão de título para este livro. Porém nenhuma dessas sementes teria se tornado fruto se não tivessem caído no terreno da inflexível educação democrática que Costanza Marongiu, minha mãe antifascista, me deu.

Biblioteca Âyiné

1. Por que o liberalismo fracassou?
   Patrick J. Deneen
2. Contra o ódio
   Carolin Emcke
3. Reflexões sobre as causas da liberdade e da opressão social
   Simone Weil
4. Onde foram parar os intelectuais?
   Enzo Traverso
5. A língua de Trump
   Bérengère Viennot
6. O liberalismo em retirada
   Edward Luce
7. A voz da educação liberal
   Michael Oakeshott
8. Pela supressão dos partidos políticos
   Simone Weil
9. Direita e esquerda na literatura
   Alfonso Berardinelli
10. Diagnóstico e destino
    Vittorio Lingiardi
11. A piada judaica
    Devorah Baum
12. A política do impossível
    Stig Dagerman
13. Confissões de um herético
    Roger Scruton
14. Contra Sainte-Beuve
    Marcel Proust
15. Pró ou contra a bomba atômica
    Elsa Morante
16. Que paraíso é esse?
    Francesca Borri
17. Sobre a França
    Emil Cioran
18. A matemática é política
    Chiara Valerio
19. Em defesa do fervor
    Adam Zagajewski
20. Aqueles que queimam livros
    George Steiner
21. Instruções para se tornar um fascista
    Michela Murgia
22. Ler e escrever
    V. S. Naipaul

Composto em Baskerville e Helvetica
Belo Horizonte, 2022